»Wenn Deutschland so scheiße ist, warum sind Sie dann hier?«

Stephan Zantke

»Wenn Deutschland so scheiße ist, warum sind Sie dann hier?«

—— Ein Strafrichter urteilt ——

Bibliografische Information der Deutschen Nationalbibliothek
Die Deutsche Nationalbibliothek verzeichnet diese Publikation in der Deutschen Natio-nalbibliografie. Detaillierte bibliografische Daten sind im Internet über http://dnb.d-nb.de abrufbar.

Für Fragen und Anregungen
info@rivaverlag.de

Originalausgabe
4. Auflage 2019
© 2018 by riva Verlag, ein Imprint der Münchner Verlagsgruppe GmbH
Nymphenburger Straße 86
D-80636 München
Tel.: 089 651285-0
Fax: 089 652096

Redaktion: Dennis Sand, Matthias Teiting
Umschlaggestaltung: Marc-Torben Fischer, München
Umschlagabbildung: Frank Vacik
Kapitelabbildung: dprimatirta/shutterstock.com
Satz: Müjde Puzziferri, MP Medien München
Druck: GGP Media GmbH, Pößneck
Printed in Germany

ISBN Print 978-3-7423-0720-0
ISBN E-Book (PDF) 978-3-7453-0325-4
ISBN E-Book (EPUB, Mobi) 978-3-7453-0326-1

Weitere Informationen zum Thema finden Sie unter

www.rivaverlag.de

Beachten Sie auch unsere weiteren Verlage unter www.m-vg.de.

Inhalt

Vorwort

Würde ich in diesem Buch meine Geschichte erzählen, dann wäre das die Geschichte eines Mannes, der auf der Suche ist. Es wäre die Geschichte von einem Mann, der zu begreifen versucht, warum die Dinge sind, wie sie sind, und warum die Menschen tun, was sie tun. Würde ich in diesem Buch meine Geschichte erzählen, dann wäre das die Geschichte eines einfachen Amtsrichters aus Zwickau.

Aber ich möchte in diesem Buch nicht meine Geschichte erzählen. Ich möchte Fallgeschichten erzählen. Ich möchte von den Verbrechen erzählen, die auf meinem Tisch landen, von Menschen, die zu Tätern geworden sind, und von Menschen, die zu Opfern geworden sind. Ich möchte Ihnen einen Einblick in unser Justizsystem gewähren, das Tag für Tag vor einer großen Aufgabe steht: nach der Wahrheitsfindung Recht zu sprechen und dabei gerecht zu bleiben. Das ist doch selbstverständlich? Nein, das ist es nicht. Recht und Gerechtigkeit mögen in der Theorie zusammengehören – in der Praxis jedoch gehen die beiden Begriffspaare oft getrennte Wege. Um Ihnen das begreiflich zu machen, muss ich etwas weiter ausholen. Und ausnahmsweise doch bei mir beginnen.

Eigentlich wollte ich Ingenieur werden. Als ich noch ein Kind war, habe ich es geliebt zu basteln. Dinge auseinanderzunehmen, mir anzueignen, wie sie aufgebaut sind, und sie anschließend wieder zusammenzusetzen. Ich wollte sehen, wie die Dinge, die mich umgeben, funktionieren. Was sie antreibt. Was aus ein paar Schrauben, Spulen und Drähten einen Motor macht. Ich mochte es, hinter die Dinge zu schauen.

Also habe ich ein Praktikum bei einem großen Elektrokonzern gemacht. Es gab zwei ältere Ingenieure, die mich unter ihre Fittiche nahmen. Die mir genau erklärten, was ich zu tun hätte und wie die Ingenieurstechnik funktionierte. Und plötzlich fand ich das alles gar nicht mehr aufregend, sondern sehr trocken und langweilig. Ich merkte, dass die beiden Männer keine Begeisterung für die Mechanik der Welt empfanden, sondern hauptsächlich Testreihen physikalischer Versuche analysierten. Das war ernüchternd. Und von diesem Tag an war mein kindlicher Berufstraum nur noch ein kindlicher Berufstraum.

Dann kam ich auf die Idee, Rechtswissenschaften zu studieren. Dazu sollte man einigermaßen sprachlich begabt sein und logisch denken können. In der Schule war Mathematik eines meiner Lieblingsfächer gewesen, das logische Denken lag mir also. Und ebenso liebte ich die deutsche Sprache, ich hatte immer viel gelesen und gern diskutiert. Also schrieb ich mich für ein Jura-Studium in Heidelberg ein.

Gleich im ersten Semester erschloss sich mir eine ganz neue Welt. Die Welt der Gesetze. Eine Welt, die auf den ersten Blick sehr komplex erscheint, sehr geschlossen wirkt, eine Welt aber auch, die in sich logisch ist und unseren Alltag viel mehr bestimmt, als wir uns das oft bewusst machen. Unsere Gesetze sind das Fundament unseres Zusammenlebens. Das Fundament unserer Gesellschaft. Und mit dem Studium dieser Fundamente erweiterte ich meinen Horizont.

Nach dem Studium kam das Referendariat. In dieser Zeit durchläuft ein Jurist verschiedene Stationen. Mal arbeitet man in der Verwaltung, mal in der Staatsanwaltschaft, mal als Rechtsanwalt. Aus den Paragrafen im Studium werden plötzlich reale Fälle. Die Praxis füllte die Theorie. Mit Menschen. Mit Geschichten. Mit Schicksalen. Und ich begann Jura wirklich zu lieben.

Nach meinem zweiten Staatsexamen hätte ich Rechtsanwalt werden können. Während meiner Ausbildung hatte ich aber gemerkt, dass man als Rechtsanwalt vor allem seinen Mandaten verpflichtet war, nicht aber der Gerechtigkeit. Und das widerstrebte mir, das wollte ich nicht.

Als ich in den Justizdienst des Freistaates Sachsen aufgenommen wurde, begann ich als Staatsanwalt. Dies war eine sehr aufregende und spannende Tätigkeit. Es war aber auch eine Zeit der Entbehrungen und ständigen Überarbeitung. Im Jahr 1993 stapelten sich die Akten in den Dezernaten meiner Kollegen und mir. Eine sechs- oder siebentägige Arbeitswoche war die Regel. Meine Arbeitszeit begann jeden Tag um 7 Uhr und endete regelmäßig erst nach 21 Uhr.

Schließlich sollte es der Beruf des Richters werden. Ein Richter ist ein Mittler zwischen den Positionen. Seine Aufgabe ist es, die Wahrheit zu finden. Die Tätigkeit eines Richters und die Tätigkeit eines Ingenieurs liegen gar nicht so weit auseinander, wie es auf den ersten Blick erscheinen mag. Auch als Richter nehme ich die Dinge auseinander, eigne mir die einzelnen Bestandteile an, die sich widersprechenden Aussagen, Motivationen und Verhaltensweisen, und versuche sie später wieder zusammenzusetzen. Ich versuche, mir ein möglichst genaues Bild von den Geschehnissen zu machen.

Als ich am Amtsgericht zum Richter auf Lebenszeit ernannt wurde, da wusste ich, welche Verantwortung man mir auftrug. Als Richter ist man unkündbar, unversetzbar, unabsetzbar. Man kann mich nicht kündigen, nur weil ich eine bestimmte Art von Rechtsprechung habe. Weil ich milder oder härter urteile als die Kollegen. Wichtig ist nur, dass ich mich an Gesetz und Recht halte. Jeder Richter findet seinen eigenen Kompass, wenn er ein Urteil fällt.

Ich habe dabei ein Prinzip. Es basiert auf dem Gedanken, dass jeder Mensch eine zweite Chance verdient. Begeht also jemand eine kleinere Straftat zum allerersten Mal, werde ich ihn in der Regel verwarnen. Beim zweiten Mal bekommt er einen Schuss vor den Bug. Eine Strafe, die ihn spüren lässt, dass es wehtun kann, wenn man das Recht bricht. Steht jemand zum dritten Mal bei mir vor Gericht, wird er eine harte Strafe bekommen. Für einige Kollegen gelte ich deswegen als Hardliner. Ich sehe mich nicht als Hardliner. Ich sehe mich als jemanden, der Recht durchsetzt. Ich bin der Überzeugung, dass die Justiz die Mittel, die ihr zur Verfügung stehen, auch einsetzen muss. Sonst wird sie zahnlos.

Ich werde in diesem Buch zehn Fälle vorstellen. Fälle, die teilweise grausam sind, Fälle, die zeigen, wo unser Rechtssystem offene Flanken hat, Fälle, die einen ratlos zurücklassen. Wie etwa der Fall eines jungen Mannes, der in einem gut behüteten Elternhaus aufwächst und sich in seinem Leben niemals etwas zuschulden hat kommen lassen, der gute Noten schreibt und eine Freundin hat und dann scheinbar aus dem Nichts eine 55-jährige Frau brutal vergewaltigt. Oder der Fall von Marie F., die seit ihrem sechsten Lebensjahr beinahe täglich von ihrem eigenen Vater vergewaltigt wurde – sogar im Ehebett, während die Mutter danebenlag und tat, als würde sie schlafen. Oder den Fall von Abdul K., der als vermeintlich syrischer Flüchtling nach Deutschland kam, den Behörden seine Identität aber wohl nur vortäuschte, um Anspruch auf Asyl zu bekommen. Abdul wurde verhaltensauffällig, er randalierte, schmiss mit Bierflaschen nach Kindern, spuckte einer Frau grundlos ins Gesicht. Wir verurteilten ihn nach mehrfachen Vorstrafen zu einer Haftstrafe. Dieser Fall löste eine internationale Welle der Berichterstattung aus. Für linke Medien war ich »Richter Gnadenlos«, ein AfD-Sympathisant, der einen Flüchtling zu hart bestrafte. Für rechte Medien war ich ein »Geistesbruder«.

Ich will weder das eine noch das andere sein. Meine Urteile beruhen nicht auf einer politischen Gesinnung. Sie beruhen auf dem Gesetz. Wer eine Straftat begeht, wird bestraft. Ob er links oder rechts steht, ob er ein Deutscher oder ein Migrant ist, das spielt für mich keine Rolle. Vor dem Gesetz sind wir alle gleich. Das ist das Schöne an dem Gesetz.

Würde ich in diesem Buch meine Geschichte erzählen, dann wäre das die Geschichte eines Mannes, der seit vielen Jahren auf der Suche ist. Auf der Suche nach dem, was die Menschen antreibt. Es wäre die Geschichte eines Mannes, der bis heute mit sich ringt, wie er Recht sprechen und Gerechtigkeit walten lassen kann. Es ist eine Suche, die niemals enden wird. Ich möchte Sie einladen, mich auf den folgenden Seiten auf dieser Suche zu begleiten.

Stephan Zantke,
Zwickau im August 2018

KAPITEL 1

Die falsche Blondine

Straftatbestand:
Vergewaltigung (§ 177 StGB)

Die Geschichte

An einem außergewöhnlich kalten Samstag macht sich Tanja R. auf den Weg zur Arbeit. Es ist noch früh am Morgen. Die 55-Jährige hat eine anstrengende Woche hinter sich. Es ist jetzt der siebte Tag in Folge, an dem sie arbeitet. Es geht nicht anders. Personalnotstand. Und als ob das nicht schon alles anstrengend genug wäre, hat Tanja R. heute auch noch Frühschicht.

Tanja R. arbeitet in einem Krankenhaus. In Krankenhäusern gibt es keine Ruhetage. Und es gibt auch keine Ruhestunden. Um fünf Uhr morgens hat der Wecker geklingelt, sie ist aufgestanden, hat sich zurechtgemacht und ihr Frühstück in eine kleine, hellblaue Tupperdose gepackt. Um halb sechs Uhr verlässt sie das Haus. Für sie ist das mittlerweile Routine.

Es ist ein außergewöhnlich kalter November dieses Jahr. Tanja schließt die schwere Haustür hinter sich und macht sich auf den Weg. Sie geht die große Hauptstraße entlang und spielt ihren Arbeitstag schon einmal im Kopf durch. Das macht sie jeden Morgen so. Sie wird in das Krankenhaus kommen, sich im Schwesternzimmer umziehen, ein klein wenig mit ihren Kolleginnen reden und dann in den Operationssaal gehen. Um Punkt sieben Uhr wird sie das Operationsbesteck sterilisiert, den Saal desinfiziert und vorbereitet haben, was sonst noch vorbereitet werden muss. Um halb acht Uhr steht die erste Operation an. Sie versucht sich zu erinnern, welcher Patient es sein wird. Aber sie kommt nicht drauf.

Tanja R. bleibt stehen. Die Ampel an der Kreuzung ist auf Rot gesprungen. Auf der Straße ist kein Auto zu sehen. Zu sehen ist nur das Krankenhaus auf der Spitze des Hügels. Dennoch bleibt die Krankenschwester stehen. Die Laternen beleuchten die von Frost überzogenen Straßen. Tanja R. spürt den kalten Wind auf ihrer Haut. Sie geht ihren Arbeitsweg immer zu Fuß, die Strecke ist gut machbar, 15 Minuten. Vom Tal auf den Hügel. Das hält die 55-Jährige fit. Und es macht wach. Als die Ampel endlich grün wird, stakst sie vorsichtig über die Straße, um nicht auszurutschen. Zu dieser Uhrzeit ist der Winterdienst noch nicht in diesem Teil der Stadt angekommen. Die Straßen sind gefährlich glatt.

Aus den Augenwinkeln sieht Tanja R. einen jungen Mann, der sich ihr nähert. Nach ein paar Minuten geht er an ihr vorbei und schaut sie kurz von der Seite an. Es ist selten, dass sie zu dieser Uhrzeit jemandem begegnet. Aber es kommt vor. Der Mann könnte einer der Bauarbeiter sein, die den Anbau für das Krankenhaus errichten, in dem sie später vielleicht selbst einmal arbeiten wird. Andererseits liegen die Baustellen am Wochenende brach. Der Mann wird wohl nach Hause gehen. Vielleicht kommt er von einer Nachtschicht. Oder er hat auch Frühschicht. Er könnte im selben Krankenhaus arbeiten wie sie. Man kennt sich nicht zwingend in dem großen Haus, in dem Tanja R. arbeitet. Vielleicht war der junge Mann aber auch einfach nur die ganze Nacht tanzen – Tanja R. beginnt ihren Samstag, wenn andere ihren Freitag beenden.

Tanja R. denkt gern über Menschen nach. Jeder Mensch, sagt sie, hat eine Geschichte, und diese Geschichten bleiben uns meist verschlossen. Wenn wir Menschen treffen, dann werden wir für einen kurzen Augenblick zu einem Teil ihres Lebens. Zu einem Teil ihrer Geschichte. Meist ist das kein besonders relevanter Teil. Aber immerhin. Jede Begegnung, sagt Tanja R., hat das Potenzial, ein Leben zu verändern. Es auf den Kopf zu stellen. Tanja R. hat keine Ahnung, wie sehr diese Begegnung ihr Leben auf den Kopf stellen wird. Sie weiß nicht, dass sich innerhalb von nur einer Stunde alles verändern wird. Der junge Mann zieht weiter.

Tanja R. kann das Krankenhaus sehen. Sie ist mittlerweile den halben Hügel hinaufgelaufen. Der Wind bläst ihr frostig ins Gesicht. Noch fünf Minuten, dann ist sie endlich da. Im Warmen. Es ist wirklich ein außergewöhnlich kalter Samstagmorgen, denkt sich die 55-jährige Krankenschwester. Dann sieht sie, wie sich der junge Mann vor ihr umdreht. Nur kurz. Nur für einen Augenblick. Sie denkt sich nichts dabei. Vielleicht hält er sie für jemanden, den er kennt. Vielleicht sieht sie in ihrer dicken Winterjacke jemandem ähnlich. Vielleicht ist er auch nur neugierig, weil sie sie schon einmal auf dem Weg zur Arbeit gesehen hat. Vielleicht arbeitet er wirklich im Krankenhaus, denkt Tanja R. und versucht sich krampfhaft zu erinnern, wer heute der erste Patient auf ihrer Liste ist. Schmidt? Schulz?

Dann sieht sie, wie der junge Mann sich vor ihr hinkniet, um sich die Schuhe zu binden.

Müller! Es ist Johann Müller. Er wird heute eine Magenoperation bekommen. Ein Routineeingriff.

Dann geht sie vorbei an dem jungen Mann, der sich noch immer um seine Schnürsenkel kümmert.

*

An einem außergewöhnlich kalten Freitagnachmittag kommt Schlosserlehrling Florian P. nach Hause. Es ist 16.30 Uhr. Er hat einen anstrengenden Tag hinter sich. Florian P. ist froh, dass die Woche vorbei ist. Seit ein paar Tagen ist es so wahnsinnig kalt draußen. Er schaut kurz auf das Thermometer, dass er auf der Fensterbank liegen hat. Minus zehn Grad. »Krass«, sagt er.

Florian P. wohnt noch bei seinen Eltern. Das Geld, das er verdient, reicht nicht für eine eigene Wohnung. Zu Hause muss er keine Miete zahlen. Er kann nun sogar einen kleinen Teil seines Geldes zurücklegen. Für die Zukunft. Florian nimmt seine Ausbildung ziemlich ernst. Handwerk ist genau das Richtige für ihn. Theorie und dicke Bücher haben ihn noch nie sonderlich interessiert. Er ist kein Lerntyp. Mehr der Anpacker. Trotzdem sind seine Leistungen in der Berufsschule gut. Ziemlich gut sogar.

Florian hat ein Ziel, und auf dieses Ziel arbeitet er hin. Es ist nicht der große Traum vom Haus am Strand. Florian ist bodenständig und bescheiden. Er denkt in kleineren Maßstäben. Er will einen Führerschein und eine eigene Wohnung. Das beides zusammen wäre für ihn die absolute Unabhängigkeit. Um sich den Führerschein leisten zu können, spart er. Um sich die Wohnung leisten zu können, arbeitet er. Bis zur Gesellenprüfung wohnt er zu Hause. Florian ist Einzelkind. Seine Eltern haben ihn bislang bei allem unterstützt. Sie sind ziemlich stolz auf ihn. Sie sehen, dass er sich anstrengt. Florian war schon immer ein disziplinierter Junge. Jahrelang hat er im Fußballverein gespielt, im Mittelfeld. Er war kein Superstar, aber er konnte was. Und er stand jeden Mittwoch um Punkt 17 Uhr auf dem Trainingsplatz. »Dieser Junge ist diszipliniert«, hat sein Trainer den Eltern damals immer und immer wieder gesagt. »Und Disziplin ist die halbe Miete.«

Florian war auch immer ein hübscher Junge. Kein absoluter Frauenschwarm, aber eben ein schöner Kerl. Mit 1,75 Metern ist er nicht sehr groß. Eher schmächtig. Aber er hat ein freundliches Gesicht. Florian ist der Prototyp des netten Jungen aus der Nachbarschaft.

Die Woche war hart. Florian P. freut sich auf sein Wochenende. Er will entspannen. Er legt sich auf sein Bett, schmeißt seine Playstation und seinen Fernseher an und zockt ein wenig FIFA. Gleichzeitig schreibt er sich mit ein paar Freunden. Per SMS planen sie den Abend.

»Disko?«, fragt einer.

Disko. Klar. Warum nicht? Disko geht immer an einem Freitagabend.

»Okay«, tippt Florian mit der linken Hand in sein Handy und starrt weiter auf den Fernsehschirm.

»Alles klar. 20 Uhr. Bekannter Treffpunkt«, schreibt Kai.

Kai ist Florians bester Freund. Kai und Florian haben eine Clique. Sechs, sieben Leute sind Teil dieser Gruppe, die meisten von ihnen kennen sich noch aus der Schulzeit. Mittlerweile machen fast alle eine Ausbildung, aber den Kontakt, den hat man nie verloren.

Florian hat auch eine Freundin. Sarah. Sie sind seit drei Jahren zusammen. Sie kennen sich ebenfalls aus der Schule. Sarah war in der Parallelklasse von Kai und Florian, und Florian fand sie schon immer toll.

»Freu' mich«, tippt er in sein Handy. Ohne zu wissen, dass diese Nacht sein gesamtes Leben verändern wird. Dass dieser Freitagabend eine Wendung nehmen wird, die zu diesem Zeitpunkt niemand vorhersehen kann.

*

Um 20 Uhr trifft sich die Clique in der Stadtmitte. Dort treffen sie sich immer, wenn sie abends zusammen weggehen. Einen genauen Plan hat die Gruppe nicht. Einfach losziehen und schauen, was so geht. Die Stadt ist übersichtlich. Allzu viele Läden gibt es hier nicht. Zunächst gehen die jungen Leute in eine Bar. Sie trinken ein paar Biere. Unterhalten sich. Aber die Stimmung ist nicht sonderlich gut. Außer ihnen ist kaum jemand unterwegs. Vielleicht, weil es so verdammt kalt ist.

»Minus zehn Grad«, wirft Florian ein. »Habe ich noch vorhin auf dem Thermometer gesehen.«

»Krass«, sagt Kai und ext sein Bier.

»Lasst mal weiterziehen«, wirft einer der anderen Jungs ein.

Florian zieht sein Handy raus. Sarah hat ihm geschrieben: Gehen gleich ins Kreuzeck.

»Das Kreuzeck«, sagt Florian zu seinen Jungs. »Lasst uns da auch hin.«

Das Kreuzeck ist eine bekannte Großraumdisko. Dort läuft Mainstream-Musik: Pop, R'n'B, HipHop. Drei Tanzflächen. Die Türpolitik ist locker. Hier kommt jeder rein, der nicht völlig besoffen ist oder allzu sehr nach Stress aussieht. Das Kreuzeck ist ein beliebter Laden. Die gesamte Jugend aus den umliegenden Dörfern kommt hierhin, wenn am Wochenende mal ordentlich gefeiert werden soll. Und auch Florian und seine Clique sind Stammgäste. Eigentlich endet fast jeder Freitagabend hier, auch wenn es vorher gar nicht geplant war.

Gegen 22 Uhr treffen sie in dem Laden ein. Zunächst ist Florian enttäuscht. Es ist relativ leer. Wie schon zuvor in der Bar. Das ärgert

ihn. Es ist doch Wochenende. Er will etwas erleben. Die Woche war
anstrengend genug.
An der Bar bestellt er sich zwei Kurze. Wodka. Er ext die Pintchen.
Sarah ist auch da. Er winkt ihr zu. Sie winkt zurück, wirft ihm zur
Begrüßung eine Kusshand zu. Sie steht auf der Tanzfläche, aber ihm
ist heute nicht nach Tanzen zumute. Er will trinken, deshalb belässt
er es bei der Begrüßung aus der Ferne. Und bestellt sich zwei weitere
Kurze.
»Wollen wir abziehen?«, fragt Kai ihn irgendwann. »Ist tote Hose
hier.«
»Ja, aber lass warten«, entgegnet Florian. »Hab das Gefühl, dass es
noch besser wird.«
Also bleiben sie. Und tatsächlich. Es wird voller. Nach und nach.
Um Mitternacht ist die Tanzfläche komplett gefüllt.
Die Musik ist sehr laut. Die Bässe wummern aus den Boxen. Sie
sind völlig übergepegelt, aber das stört hier niemanden. Florian hat
mittlerweile so einiges getrunken. Er steht an der Bar, nickt mit dem
Kopf zur Musik und scannt die Menschen. Und dann bleibt sein
Blick hängen. An einem Mädchen. Wahnsinn, denkt sich Florian.
»Was für eine Granate«, brüllt er über die Musik hinweg zu seinem
Kumpel Kai.
»Was ist mit Sarah? Junge, du bist vergeben, vergiss das nicht.«
Aber Florian hat es längst vergessen. Er hat nur noch Augen für die-
ses eine Mädchen. Dieses Mädchen mit den hellblond gefärbten Haa-
ren. Sie ist groß und schlank, ihre Fingernägel sind rot lackiert, und
sie trägt eine Leggings, in der sich ihre sportliche Figur abzeichnet.
»Ich muss da hin«, sagt Florian zu Kai und geht zu dem Mädchen.
»Hey«, sagt er. »Darf ich dir was zu trinken ausgeben?«
Das Mädchen zögert einen kurzen Moment. Sie schaut zu ihren
Freundinnen. Dann mustert sie Florian. Und lächelt.
»Klar«, sagt sie.
Sie trinken einen Gin Tonic. Dann tanzen sie. Erst einen Song. Dann

einen zweiten. Und irgendwann denken die beiden an nichts anderes mehr.

Bis Sarah auftaucht. Sie zieht ihren Freund zur Seite.

»Sag mal, willst du mich verarschen? Was soll das denn werden?«, fragt sie wütend.

»Ach«, sagt er. »Stell dich nicht so an. Wir tanzen nur.«

Dann lässt Florian seine Freundin stehen. Sarah ist entsetzt. So kennt sie ihn nicht. Was ist nur los mit Florian? Auch der Rest der Clique ist verwundert. Florian hat nur noch Augen für diese Blondine. Für Stefanie. Er ist komplett auf sie fixiert. Nimmt gar nichts anderes mehr wahr.

»Junge, ist alles okay bei dir?«, fragt ihn Kai, der sich schon auf den Weg nach Hause machen will.

»Ich weiß nicht«, sagte Florian. »Ich glaube ich habe mich total verknallt. Was für eine Frau. Und was für geile blonde Haare …«

»Bist du behindert im Kopf? Verliebt? Nach zwei Stunden oder was?«

»Ja, Liebe auf den ersten Blick und so. Ich habe noch nie so eine Granate gesehen. Im Ernst. Diese Haare. Das macht mich verrückt.«

Kai schüttelt nur den Kopf.

»Richtiger Spinner«, sagt er und zieht ab.

Während der Rest der Clique nach und nach den Laden verlässt, tanzen und trinken Florian und die fremde Blondine, die sich Stefanie nennt, die Nacht durch. Stefanie. Was für ein Glück, dass sie an diesem Abend mit den vielen anderen Menschen in die Diskothek und damit in mein Leben gekommen ist, denkt sich Florian.

Es wird vier Uhr. Fünf Uhr. Und schließlich bietet Florian P. der geheimnisvollen Blondine an, dass er sie nach Hause bringt. Sie stimmt zu.

Florian P. ist ein Gentleman. Sein Betragen ist einwandfrei. Er begleitet Stefanie und ihre beste Freundin nach Hause. Stefanie macht alles mit. Sie wehrt sich nicht, als er seine Hand auf ihre Hüfte legt und die beiden eng umschlungen nach Hause torkeln. Sie findet diesen Florian ganz niedlich. Sie sieht keine Gefahr in ihm. Sie sieht die Situation nicht als gefährlich an. Warum auch? Welchen Grund hätte sie, misstrauisch zu sein? Die beiden haben getanzt und getrunken und ein bisschen geredet. Florian ist in keinem Moment zudringlich geworden. Nein, Florian P. ist ein Gentleman. Die drei gehen in Richtung Stadt.

Die kalte Nachtluft tut Florian gut. Er merkt, wie er wieder klarer im Kopf wird. Er hat doch schon so einiges getrunken. Aber auch nicht zu viel. Er ist ein fitter junger Mann. Gut im Training. Er hat keine Ausfallerscheinungen. Er ist gut drauf. Und ein bisschen verliebt.

Schließlich erreichen sie die Wohnung von Stefanie.

»Hey«, fragt Florian. »Darf ich deine Nummer haben?«

Die Blondine löst sich aus der Umarmung, nimmt sein Mobiltelefon und tippt ihre Nummer in sein Adressbuch. Sie lächelt.

»Meine Freundin und ich gehen jetzt nach Hause«, sagt Stefanie.

»Ich kann dich doch auch noch reinbringen. Ich komme mit dir«, sagt Florian und lächelt.

»Nein.«

»Nein?«

»Nein!«

Florian beißt sich auf die Lippe. Nur für einen kurzen Moment sieht man seine Enttäuschung. »Nein.« Das hat ihn gekränkt. Das hat ihn wirklich gekränkt. Er nickt, dreht den Mädchen den Rücken zu und geht durch die kalte Nacht davon.

Florian läuft über die große Hauptstraße in Richtung Hügel. Er sieht schon von Weitem die große Baustelle. Eine Autobahnzubringerstraßenbrücke wird gebaut. Und auch das Krankenhaus auf dem Berg, an dem Florian P. wohnt, soll erweitert werden. Es sind große

Maßnahmen. Auf dem Gelände gegenüber seiner Wohnung befinden sich riesige Erdberge. Sand. Kies. Schotter. Baumaterialien. Auf der Straße befindet sich niemand. Nur eine einzige Frau in einer dicken Winterjacke läuft vor ihm. Florian P. überholt sie mit schnellem Schritt. Er schaut kurz zur Seite. Sieht in das Gesicht der Frau. Sieht eine blonde Haarsträhne, die aus ihrer Kapuze fällt. Irgendetwas passiert nun in Florians Kopf. Niemand wird je sagen können, was. Auf Höhe der Baustelle, gegenüber von seinem Haus, bückt er sich, um seine Schuhe zu binden.

*

Samstagmorgen. Es ist kurz vor 6 Uhr. Tanja R. geht ein wenig schneller. Sie hat das Krankenhaus fast erreicht. Es sind nur noch ein paar Meter. Sie passiert den jungen Mann, der vor ihr auf der Straße kniet. Sie geht weiter. Kurz denkt sie noch über ihn nach. Wer der Junge wohl ist? Was für eine Geschichte er hat? Als Krankenschwester trifft man auf so viele Menschen, und all diese Menschen berichten ihr immer und immer wieder von ihrem Leben. Tanja R. liebt diese Geschichten. Dann geht sie weiter. Als der junge Mann aus ihrem Blickwinkel verschwindet und schon gar nicht mehr Teil ihrer Wahrnehmung ist, nicht mehr Teil ihrer Gedanken, ihres Lebens, spürt sie plötzlich eine Hand auf ihrem Hals. Sie wird an der Kehle gepackt. Tanja R. weiß gar nicht, wie sie reagieren soll, so unerwartet kommt alles. Noch bevor sie schreien kann, presst ihr jemand eine Hand auf den Mund.

Sie spürt ihren Herzschlag. Spürt, wie das Adrenalin durch ihren Körper pumpt. Was passiert hier gerade? Der Mann schleift sie regelrecht hinter sich her. Schleift sie die letzten Meter zum Hügel hinauf. Da ist die Baustelle, der Krankenhausanbau. Es ist Samstag, frühmorgens, niemand ist hier. Sie spürt, wie sie mit Gewalt auf das

Baugelände geschleppt wird. Tanja R. spürt die Panik in sich aufsteigen. Die ersten Sekunden ist sie noch im Schockzustand gewesen. Wie gelähmt. Jetzt versucht sie, sich zu wehren. Sich aus dem Griff des Mannes zu lösen.

»Lass locker, du dumme Fotze!«, sagt er zu ihr. Sie kann sein Gesicht noch immer nicht erkennen. Schließlich erreichen die beiden die Baustelle. Der Mann schleudert die 55-Jährige auf den Boden. Direkt vor sich. Tanja R. fällt auf den harten gefrorenen Dreck. Sie spürt, wie sie sich die Knie aufschlägt. Ein stechender, ein brennender Schmerz. Jetzt kann sie zum ersten Mal den jungen Mann von vorn sehen. Es ist der Junge, der sich eben vor ihr die Schuhe zugeschnürt hat. Es ist Florian P.

Er tritt auf sie zu und schlägt ihr mit der flachen Hand mehrfach ins Gesicht.

»Bitte nicht …«, sagt Tanja R. und hebt schützend die Hände. Ihr ist völlig klar, dass sie keine Chance gegen den Jungen hat. Er ist nicht sehr groß. Eher schmächtig. Aber er ist unfassbar aggressiv.

»Nimm die Hände weg, du Fotze!«, schreit er sie an. Dann tritt er ihr in den Bauch. Tanja R. versucht sich zu wehren. Versucht zumindest die Schläge abzuwehren. Was will dieser Mann von ihr? Geld? Wertsachen? Warum tut er das? Sie versteht überhaupt nicht, was mit ihr passiert. Sie nimmt jetzt die Hände herunter. Ganz langsam. Als Zeichen, dass er aufhören soll, sie zu schlagen. Sie will signalisieren: Ich bin wehrlos.

Daraufhin holt Florian aus und schlägt der Krankenschwester mit voller Wucht die Faust ins Gesicht. Tanja R. hört ein lautes Krachen. Ihr Unterkiefer bricht. Sie verliert das Bewusstsein.

*

Florian P. ist wie von Sinnen. Er schlägt noch zweimal zu. Nur um sicherzugehen, dass die Frau sich nicht weiter wehrt. Als er merkt, dass sie bewusstlos ist, reißt er ihre Hose runter. Dann zerreißt er ihren Slip, zieht sich seine eigene Hose runter, legt sich auf die Frau und vergewaltigt sie.

*

Tanja R. öffnet ihre Augen. Langsam. Sie fallen ihr immer wieder zu. Sie braucht ein paar Sekunden, um sich zu orientieren. Sie sieht nur noch verschwommene Schemen. Sie hört nicht mehr richtig. Alles, was sie wahrnimmt, ist ein tiefer dunkler Bass. Ein dumpfes Brummen. Sie hört keine Geräusche mehr. Und dann diese Schmerzen. Alles, wirklich alles tut ihr weh. Sie zwingt sich, die Augen zu öffnen. Sie offen zu halten. Es ist, als würde sie die Welt nur noch durch eine Milchglasscheibe sehen. Dann wird plötzlich alles klarer. Sie erkennt die Umrisse eines Mannes. Sie erkennt: Florian P. Er liegt auf ihr. Starrt sie an. Schnelle Bewegungen. Auf einen Schlag ist sie wieder hellwach. Sie erinnert sich. Sie versteht sofort, was hier passiert. Sie versucht zu schreien, aber sie kann nicht. Ihre Kehle ist wie zugeschnürt. Sie muss die brutale Vergewaltigung über sich ergehen lassen. Sie bekommt alles mit.

Florian P. lässt nicht locker. Er vergewaltigt sein Opfer einmal. Er vergewaltigt sein Opfer ein zweites Mal. Als wäre er im Rausch. Es ist ein reiner Gewaltexzess. Seine Augen sind weit aufgerissen. Die Tortur der 55-jährigen Krankenschwester Tanja R. dauert eine Stunde. Auf dem gefrorenen Baustellenboden wird sie eine Stunde lang schwer missbraucht. Sie hat mittlerweile überhaupt kein Zeitgefühl mehr. Das erste Sonnenlicht zeichnet sich bereits ab, als Florian P. von seinem Opfer ablässt.

Er steht auf, zieht sich seine Hose hoch und spuckt auf den Boden. Dann nickt er ihr zu. »Zieh dich an«, sagt er und zündet sich eine Zigarette an.

Langsam, fast wie in Zeitlupe steht Tanja R. auf. Sie fühlt sich, als wäre ihr ganzer Körper betäubt. Sie fühlt gar nichts mehr. Nicht mal mehr die Schmerzen. Sie zieht sich wieder an.

Dann fasst Florian P nach ihrem Handgelenk. »Du kommst jetzt mit.«

Er geht mit schnellen Schritten und zieht sein Opfer hinter sich her. Mit zittrigen Knien versucht die Krankenschwester, Schritt zu halten. Sie schafft es nicht. Sie stürzt. Steht wieder auf und stolpert ihrem Vergewaltiger erneut hinterher. Sie ist unterkühlt. Das weiß sie. Als Krankenschwester kennt sie die Symptome, aber sie hatte sie noch nie an sich selbst erlebt. Ihr ist schwindelig. Sie ist verwirrt. Das ist nicht nur eine Folge der Vergewaltigung, sondern auch eine Folge der Kälte.

Und ihre Beine. Tanja R. spürt ihre Beine nicht mehr. Vielleicht hat sie sogar Erfrierungen. Vielleicht sind sie auch gebrochen. Wie ihr Kiefer. Sie spürt, wie ausgerenkt er ist. Für eine Stunde ist sie rücksichtslos in unmögliche Positionen gezwängt, sind ihre Beine auf den eiskalten Boden gepresst worden.

Sie läuft ihrem Peiniger mechanisch hinterher. Als hätte sie auf Autopilot umgestellt. Sie gehorcht seinen Anweisungen.

»Komm!«, schreit er und zieht sie weiter.

Er zieht sie in Richtung Hauptstraße. Die Straße, die sie vorher beide entlanggelaufen sind, bevor sie sich begegneten. Bevor die verhängnisvolle Begegnung ihren Lauf nahm. Mit jedem Schritt, den sie geht, wird Tanja R. ein wenig klarer im Kopf. Sie schaut auf die Straße. Die Sonne ist mittlerweile ganz aufgegangen. Es ist hell. Tageshell.

Und plötzlich hat Tanja R. einen glasklaren Gedanken. Er bohrt sich wie eine Gewissheit in ihren Schädel. Sie ist vergewaltigt worden. Lange. So lange, dass die Sonne bereits aufgeht. Und dann hat sie ihn gesehen. Ihren Peiniger. Sie hat sein Gesicht gesehen. Sie kennt seinen Namen nicht. Aber sie hat sein Gesicht gesehen. Das sollte reichen. Das sollte ihm reichen. Sie weiß, dass er sie jetzt wohl umbringen wird. Dass sie aus der Sache nicht mehr lebendig herauskommt.

In ihr steigt Panik auf. Todesangst. Sie spürt wieder das Adrenalin in ihrem Körper. Aber in diesem Moment ist sie nicht mehr gelähmt. In diesem Moment setzt sie alles auf eine Karte. Sie sieht, dass ihr ein einzelnes Auto auf der Straße entgegenkommt. Mit ihrer letzten Kraft reißt sie sich vom Griff ihres Peinigers los und rennt zur Straße, kurz oberhalb der Ampel, an der Stelle, wo er sie vor einer Stunde gepackt und auf die Baustelle gezogen hat. Sie stolpert mit ihren starren Beinen über den Straßenrand, reißt ihre Arme hoch und schreit, um alle Aufmerksamkeit auf sich zu ziehen. Aber der Fahrer, in dem sie ihre Rettung gesehen hat, weicht aus. Umfährt sie. Und braust davon. Vermutlich hat er sie nur für eine Verrückte gehalten, die die ganze Nacht tanzen war und jetzt betrunken über die Straße stolpert.

Tanja R. ist verzweifelt. Sie ist wieder mit dem jungen Mann allein. Er ist direkt hinter ihr. Sie hat alles gegeben, um sich zu retten, alle Kraft aufgebraucht. Sie kann nicht mehr. Wenn es nur eine Chance gegeben hat, mit dem Leben davonzukommen – sie hat sie gerade verspielt. Sie dreht sich um. Der Mann, von dem sie überzeugt ist, dass er sie töten wird, holt auf. Er kommt immer näher. Sie kann nicht mehr weglaufen. Kann nicht mehr fliehen. Das weiß sie. Ihre Kraft reicht nicht.

Er wird sie umbringen.

Und dann geschieht ein kleines Wunder. Noch ein Auto. Ein kleiner, roter Peugeot. Tanja R. weiß, dass dies nun wirklich ihre letzte Chance ist. Wieder stellt sie sich auf die Straße. Wieder hebt sie die Arme. Wieder schreit sie etwas, das völlig unverständlich bleibt, weil ihr Kiefer zertrümmert ist. Sie stellt sie sich mitten auf die Straße. So, dass das Auto nicht wieder an ihr vorbeifahren kann. Der rote Peugeot muss entweder bremsen oder sie überfahren. Es ist ihr egal. Sie ist ohnehin so gut wie tot.

Das Auto überfährt sie nicht.

Das Auto hält an. Vollbremsung. Es kommt nur wenige Zentimeter vor Tanja R. zum Stillstand. Im Auto sitzen zwei junge Frauen. Beide berufstätig. Beide auf dem Weg zur Arbeit. Eine Stunde, nachdem die OP-Schwester eigentlich ihren Dienst antreten wollte. Die Fahrerin steigt aus. Sie ist verärgert. Was soll denn das? Was springt ihr diese Irre vor die Karosse?

»Haben Sie den Verstand verloren?«, schreit sie. »Ich habe einen Riesenschreck bekommen. Sind Sie besoffen, oder was?«

Doch dann sieht sie Tanja R. Sieht das Blut in ihrem Gesicht. Das Blut auf ihrer Jacke. Das Blut in ihrem Schritt. Sie sieht den deformierten Kiefer.

»Um Gottes Willen …« Sie läuft auf die Frau zu. Stützt sie.

»Hilfe«, versucht Tanja R. zu sagen. Doch das Wort klingt merkwürdig verformt. Die zweite junge Frau aus dem Auto steigt ebenfalls aus. Sie schaut sich um. Sieht einen jungen Mann, der wegläuft. Sieht Tanja R. Sieht ihren schiefen Kiefer falsch am Schädel hängen. Nur wenig versteht sie von den Worten, die die fremde Frau auf der Straße stammelt. »Ich bin vergewaltigt worden.«

Dann wird Tanja R. zum zweiten Mal ohnmächtig. Diesmal in den Armen ihrer Retterin. Nicht unter dem Körper ihres Vergewaltigers.

*

An einem außergewöhnlich kalten Samstagmorgen sitzt Polizeihauptkommissar Jens F. in der Polizeidienststelle Zwickau und trinkt einen Kaffee. Es ist noch sehr früh. Um 6 Uhr war sein Dienstbeginn. Noch drei Tage, dann wird sein Urlaub beginnen. Die Polizeidienststelle liegt nicht weit vom Krankenhaus entfernt. Als das Telefon klingelt und die Zentrale den Notruf durchgibt, den eine junge Frau von ihrem Handy aus abgesetzt hat, da weiß Jens F., dass etwas Schlimmes passiert sein muss. Er bestellt zwei Krankenwagen und veranlasst sofort eine Fahndung. Er selbst packt einen Spürhund und fährt mit mehreren Beamten zum Tatort.

Am Straßenrand steht das Auto mit den drei Frauen. Eine von ihnen, Tanja R., ist blutüberströmt. Zwei Sanitäter kümmern sich bereits um sie. Tanja R. ist in eine dicke Decke eingewickelt. In der Hand hat sie eine dampfend heiße Tasse mit Tee. Sie kann kaum sprechen. Hauptkommissar Jens F. fragt sie nur nach den wichtigsten Dingen. Eine der beiden Frauen, die sie gerettet haben, erzählen ihm, dass der Täter in Richtung der Häuserblocks geflohen sei. Sie zeigt auf eine Wohnsiedlung.

Jens F. lässt den Fährtenhund los. Und tatsächlich. Er nimmt sofort Witterung auf. Der Hund läuft zielstrebig auf ein Haus zu, es liegt nicht weit von der Baustelle entfernt, wo alles geschah. Damit bestätigte sich, was die beiden Zeuginnen aus dem Auto berichtet haben.

Die Polizei handelt sofort. Man umstellt das Haus. Drei Beamte vorn. Drei Beamte im Garten. Als man am Elternhaus von Florian P. klingelt, versucht er tatsächlich über den Hintereingang zu flüchten, er springt aus einem Fenster im Erdgeschoss und rennt den Polizeibeamten in die offenen Arme.

»Zugriff, Zugriff!«, schreien die Polizisten.

Florian P. wird festgenommen. Die Beamten legen ihm Handschellen an und setzen ihn in das Polizeiauto.

Als Florian P. im Polizeiauto an ihr vorbeifährt, kann Tanja R. ihn noch erkennen. Sie schaut ihrem Vergewaltiger nach.

Der Prozess

Ich habe diesen Fall einer außergewöhnlich brutalen Vergewaltigung im darauffolgenden Frühjahr mit der Erhebung der Anklage erhalten. Was mich vom ersten Moment an erschreckt hat, war nicht bloß die ungewöhnliche Aggressivität, die ungewöhnliche Skrupellosigkeit, mit der Florian P. auf sein Opfer losging – sondern die scheinbar hemmungslose Entladung von Gewalt aus dem Nichts. Florian P. war kein vorbestrafter Gewalttäter. Florian P. war kein Junge, der vom Weg abgekommen war. Florian P. hatte keine Drogenprobleme. Nein, Florian P. war vielleicht der durchschnittlichste Junge, der mir je begegnet ist. Und dennoch wurde aus ihm ein brutaler Vergewaltiger. Ein brutaler Vergewaltiger, der unter Umständen, so liest sich sein Fall, auch vor einer noch schwereren Straftat nicht zurückgeschreckt wäre.

Der Angeklagte hat sich, was sein Recht ist, zum Tatvorwurf nicht eingelassen und geschwiegen. Die Verhandlung begann daher mit der Zeugenvernehmung von Stefanie R., dem blonden Mädchen, das Florian in der Diskothek kennengelernt und mit dem er die halbe Nacht verbracht hatte, bevor es zu dem Verbrechen kam. Vor Gericht wirkte Stefanie R. aufgeräumt. Eine junge Frau, die genau wusste, was sie im Leben wollte. Und was nicht. Sie erzählte von Florian. Sie erzählte von einem jungen Mann, der die ganze Nacht lang freundlich und charmant war. Der mit ihr tanzte, aber nie aufdringlich wurde. Der zwar mit ihr flirtete, aber auch wusste, wo die Grenzen lagen.

»Ich hatte in keinem Moment den Eindruck, dass von ihm eine Gefahr ausgeht«, sagte sie im Zeugenstand.
Sie sagte auch, dass sie Florian mochte. Dass er ihr sympathisch war. Dass er in festen Händen war, das wollte sie allerdings nicht gewusst

haben. Dass da ein Mädchen kam, Sarah, dass in der Disko eine kleine Szene machte, das hatte sie anders eingeordnet: »Ich dachte, sie wäre eine eifersüchtige Ex-Freundin von ihm.«

Ja, sie mochte Florian P. Darum habe sie sich auch keine großen Gedanken gemacht, als er sie und ihre Freundin nach Hause bringen wollte. Das hatte sie als »Gentleman-Verhalten« interpretiert. »Er wirkte besorgt und wollte nicht, dass uns etwas passiert.«

Dass er ihr auf dem Weg nach Hause nähergekommen ist, seine Hand um ihre Hüfte gelegt hatte, das fand sie in Ordnung. Sie war bereit, ihn näher kennenzulernen. Darum gab sie ihm ihre Nummer. Sie war aber nicht bereit, in dieser Nacht mit Florian P. zu schlafen. Darum, sagte sie Nein, als er noch mit zu ihr wollte.

»Wie hat er auf die Zurückweisung reagiert?«, fragte ich die Zeugin. »Er wirkte bedröppelt«, antwortete Stefanie R. Dann hielt sie kurz inne. Überdachte ihre Worte. Nickte. »Ja«, sagte sie. »Bedröppelt. Das trifft es perfekt.«

Und dennoch: Er akzeptierte ihre Antwort sofort. Er versuchte sie nicht zu überreden. Er versuchte sie nicht zu drängen. Und sie fand seine Reaktion auf ihre Zurückweisung charmant. Stefanie R. erklärte, dass sie Florian gern wiedergesehen hätte. Wenn er sich bei ihr gemeldet hätte, dann wäre sie mit ihm ausgegangen.

*

Bis zu diesem Zeitpunkt hatten wir die Geschichte eines jungen Mannes gehört, der seine Freundin betrügen wollte, aber zurückgewiesen wurde. Eine Geschichte, wie sie jeden Tag passierte. Florian P.s Verhalten war sicherlich nicht ganz anständig. Aber trotzdem kein Fall für ein Gericht.

Und dann kam Tanja R. Ich weiß noch genau, wie sie aussah.

Eine kleine, eine schmale Frau. Es reichte ein erster Blick, um zu wissen, dass sie keine Chance gegen ihren Peiniger hatte. Keine Chance, diese grausame Wendung des Schicksals abzuwenden.

Tanja R. saß neben ihrer Opferanwältin, dem Angeklagten gegenüber. Sie sprach sehr leise. Sie wählte jedes ihrer Worte mit Bedacht. Sofort legte sich eine Stille über den Saal. Es war so gespenstisch still, dass ich für einen kurzen Moment den Atem anhielt. Da saß diese kleine, zerbrechliche Frau. Und fing an, von ihrem Martyrium zu erzählen. Wie sie zur Arbeit ging, wie sie den jungen Mann bemerkte, der sie überholte, der sich bückte. Wie sie an ihm vorbeiging. Nichts ahnend. Wie sie dann von ihm gepackt und auf den eiskalten Berg geschleppt wurde. Wie sie die ganze Zeit nur dachte: »Hoffentlich macht er mich nicht tot.« Wie sie versuchte sich zu wehren. Wie ihr der Schlag kurz das Bewusstsein nahm.

Sie beschrieb die fürchterlichen Schmerzen, die ihr der gebrochene Unterkiefer verursacht hatte, wie sie vergewaltigt wurde, wieder und wieder, und wie kalt und hart der Boden war. Wie es dann endlich vorbei war und sie ihre Hose wieder anziehen durfte. Wie der junge Mann sie an der Hand nahm und die Todesangst in ihr aufstieg. Wie sie dachte: Ich habe ihn gesehen, ich weiß, wie er aussieht, jetzt bringt er mich um.

Als Tanja R. erzählte und sie sich an diesen verhängnisvollen Morgen zurückversetzte, da konnte man ihr ihre Todesangst erneut ansehen.

Dann ihr Versuch, zu fliehen. Das erste Auto fuhr an ihr vorbei. Beim zweiten Auto, dachte sie sich: Es ist egal. Halt an oder fahr mich tot. Hauptsache, dieses Martyrium endet.

Ich sah in das Gesicht einer Frau, die sich sicher gewesen war, dass sie sterben müsste. Das war für das Gericht kaum auszuhalten.

Dann sprach sie von ihrer Zeit im Krankenhaus. Die Folgen eines Kieferbruches sind enorm. Die Schmerzen, die Tanja R. noch Wochen später verspürte, nahmen sie komplett ein. Alles in ihrem Kopf drehte sich nur noch um diese Schmerzen. Sie wollte sie mit aller Kraft ertragen. Und überwinden. Alle anderen Gedanken wurden ausgeblendet. Aber der Schmerz ging vorbei. Der gebrochene Kiefer heilte. Auch die Unterkühlung war vergleichsweise schnell behandelt. Sie hatte ihre Vergewaltigung überlebt. Doch die Geschichte war für Tanja R. noch nicht vorbei.

Denn als die körperlichen Schmerzen endeten, begann das seelische Leid. Als Tanja R. aus dem Krankenhaus kam, musste sie ihr Trauma erst noch verarbeiten. Als die körperlichen Schmerzen ein Ende fanden, war sie allein mit ihrem seelischen Leid. Und sie wusste nicht, wie sie es überwinden sollte. Tanja R. schloss sich ein. Wochenlang. Sie ließ alle Rollläden herunter, verkroch sich in der Dunkelheit ihrer eigenen Wohnung. Sie wollte sich vor der Außenwelt verstecken, damit niemand sie fand. Sie wollte einfach verschwinden.

Sie nahm mit niemanden mehr Kontakt auf. Reagierte nicht, wenn man sie anrief. Sie lebte nur noch in der Finsternis ihrer eigenen Existenz. Und Tag für Tag, Stunde für Stunde kamen ihr wieder diese Bilder in den Kopf. Die Bilder von Florian P.

Er hatte noch immer Macht über sie. Auch wenn er längst in Untersuchungshaft saß. Wenn ihr einmal so etwas Schreckliches passiert war, dachte Tanja R., warum sollte es ihr dann nicht noch ein zweites Mal passieren? Wieso nicht im Supermarkt, im Park oder auf dem Weg zu Freunden? Nein, sie wollte da nicht mehr rausgehen. Sie wollte in ihrer Wohnung bleiben. In ihrer Festung.

Tanja R. erzählte das alles ganz ruhig, ganz leise, ganz bedacht. Sie zögerte nicht beim Sprechen. Aber man sah ihr an, dass es sie Anstrengung kostete.

Dann erzählte Tanja R., wie sie es ihren Freunden zu verdanken hatte, dass sie aus diesem Loch wieder herauskam. Sie ließen nicht locker. Sie begriffen, dass sie nur ausdauernd genug an ihrer Tür klingeln mussten, bis Tanja R. ihnen irgendwann aufschloss. Die Freunde waren es, die ihr den Mut gaben, etwas zu unternehmen. Sie konnten sie überzeugen, Hilfe anzunehmen. Nach langer Suche fand Tanja R. eine Psychologin, bei der sie sich sicher fühlte. Sie begannen, gemeinsam das traumatische Erlebnis zu verarbeiten. Es dauerte Monate an intensiver Beratung, bis sie sich traute, das Haus allein wieder zu verlassen.

Und natürlich, sagte Tanja R. vor Gericht, bereute sie es sofort. Der erste Freigang war im April. Fünf Monate nach ihrer Vergewaltigung. Es war warm draußen. Im Frühsommer hörte man die Vögel bereits in den Bäumen. Tanja R. ging bei helllichtem Tag über die offene Straße und hörte hinter sich eine Männerstimme. Auch das Lachen einer jungen Frau. Aber das war egal. Die bloße Anwesenheit eines fremden Mannes reichte aus, dass Tanja R. wortwörtlich erstarrte. Die monatelange Therapie – in diesem einen Moment war alles vergessen. Das Einzige, was Tanja R. fühlte, war Angst. So tief saß das Trauma, das Florian P. ihr in einer einzigen Stunde aufgezwungen hatte. Bei einer Zufallsbegegnung im Winter, auf dem eiskalten Baustellenboden, auf dem Weg zur Arbeit, einem Weg, den sie jeden Tag ablief.

Tanja R. brach erneut zusammen. Sie verkroch sich wieder in ihrer Wohnung und schloss die Rollläden. Jeder Gang vor die Tür kostete extreme Überwindung. Sie lebte in Angst. Immer und überall.

»Es dauerte noch einige Zeit«, erzählte uns Tanja R., »bis mir meine Psychologin einen Vorschlag machte, auf den ich nicht dachte, jemals eingehen zu können.« Sie stockte, zum ersten Mal in ihrer Rede. »Sie sagte mir, ich solle zu diesem Prozess kommen. Ich solle alles erzählen. Jedes Detail. Und dann solle ich dem Angeklagten in die Augen schauen.« Plötzlich brach ihre Stimme. »Und wenn ich das schaffe, das weiß ich, dann wird dieser Mann keine Macht mehr über mich haben.«

Totenstille im Saal. Dann drehte sich Tanja R. zu ihrem Peiniger. Sie schaute ihn an. Eine Minute verging. Florian P. erwiderte den Blick nicht. Tanja R. nickte. Sie war fertig.
Dieser Moment geht mir bis heute nicht aus dem Kopf.

*

Der Angeklagte war nicht besonders groß. Er war nicht besonders breit. Aber er war gut trainiert. Er spielte regelmäßig Fußball und war körperlich topfit. Gegen ihn hatte eine Tanja R. keine Chance. Das sah man auf den ersten Blick.
Die ganze Verhandlung über wirkte Florian P. komplett emotionslos. Er wirkte wie aus Stein gemeißelt. Zeigte kaum Regungen. Blieb distanziert. Er zeigte auch bei der Zeugenaussage von Tanja R. keine Regung. Er hat sich nicht den Kopf gehalten, er hat nicht nach unten geguckt. Er schaute sie regungslos an und folgte ihren Worten. Als hätte das, was sie da erzählte, nichts mit seinem Leben zu tun. So reagiert man nicht, wenn man sich für etwas schämt. Die meisten Menschen schämen sich vor Gericht. Je brutaler die Tat, desto größer die Scham. Aber bei ihm: gar nichts.
Florian P. war gerade einmal 20 Jahre alt. Im Alter zwischen achtzehn und einundzwanzig ist man ein sogenannter Heranwachsender. Bei bestimmten Voraussetzungen unterliegt man dann dem Jugendgerichtsgesetz. Entweder, wenn eine Tat verhandelt wird, die eher typisch für Jugendliche ist: ein Steinwurf auf das Fenster eines Hauses, wo man die Scheiben zerdeppern möchte, zum Beispiel.
Oder, das wäre die zweite Möglichkeit, um unter das Jugendgerichtsgesetz zu fallen: wenn jemand Reifedefizite zeigt, die den Heranwachsenden eher mit einem Jugendlichen gleichstellen als mit einer erwachsenen Person. Ein Erwachsener hat seinen Platz im Leben schon gefunden. Ein Jugendlicher hat das nicht.
Florian P. war als Einzelkind aufgewachsen und hatte in einem ge-

ordneten Elternhaus gelebt. Er hatte seine Mittelschule ordentlich abgeschlossen – mit einem guten Ergebnis. Er war nicht dumm. Auch in seinem Lehrbetrieb hatte er gute Noten produziert. Die Berufsschule besuchte er ordentlich. Es gab nichts zu beanstanden. Man hätte sagen können, dieser Mann kam einem Erwachsenem gleich. Und dennoch entschieden wir uns, den Fall nach Jugendstrafrecht zu beurteilen. Denn Florian P. hatte auf den zweiten Blick durchaus Reifedefizite.

So war er noch voll in den Haushalt integriert. Er hatte sich mehr oder weniger wie ein Kind benommen, das von seiner Mutter versorgt wurde. Diese Versorgung hatte er sehr gern in Anspruch genommen. Er war wirtschaftlich noch gar nicht richtig selbstständig. Zwar hatte er ein Lehrlingsgehalt bekommen, das jedoch zu gering war, um damit eine eigene Wohnung zu bezahlen oder wirtschaftlich selbstständig zu sein. Darüber hinaus hatte er den überwiegenden Teil angespart, weil er seinen Führerschein machen wollte. In der Beschreibung des Betriebes, der Zeugen, wurde er als eher zurückhaltend und schüchtern, als introvertiert beschrieben. Das Gericht kam zu der Überzeugung, dass er eher einem Jugendlichen als einem Erwachsenen gleichstand zum Zeitpunkt der Tat.

*

Der Fall von Florian P. ist ein Fall mit vielen Fragezeichen. Warum hat er getan, was er getan hat? Was bewegt einen ganz durchschnittlichen Jungen dazu, ein solches Verbrechen zu begehen? Wir haben keine Antworten bekommen. Das Gericht hat die wahren Motive von Florian P. nie erfahren. Nicht von ihm, nicht von jemand anderem. Der Angeklagte hat sich im gesamten Prozess nicht geäußert. Auch nicht, als Tanja R. ihn während der Verhandlung fixierte. Er hat uns nur einen Satz gesagt. Einen einzigen Satz. Kurz bevor das Urteil gesprochen wurde. Davor mussten wir uns aus dem Tathergang den Grund für sein Verhalten selbst zusammenreimen.

Die These des Gerichts war wie folgt: Der Angeklagte lernte an einem Freitagabend eine Blondine kennen. Diese beeindruckte ihn. Sie beeindruckte ihn sogar mehr als seine richtige Freundin. Die richtige Freundin bekam mit, dass er ein anderes Mädchen anbaggerte, und ärgerte sich. Das störte Florian P. jedoch nicht. Die Frau faszinierte ihn. Mit dieser Blondine wollte er augenscheinlich ins Bett – ein Ziel, das er in dieser Nacht nicht erreichte. Er war alkoholisiert. Alkoholisch enthemmt, aber auf jeden Fall noch in der Lage, das Unrecht, das er begehen würde, zu verstehen. Seine Einsichtsfähigkeit war nicht vermindert, er war nicht schuldunfähig. Er wusste ganz genau, was er tat.

Sein zielgerichtetes Verhalten. Das Vorbeigehen. Der kurze prüfende Blick in das Gesicht. Das Erkennen: eine Blondine! Genauso blond wie die junge Dame, die er nach Hause gebracht hatte. Das Bücken, das vorgetäuschte Zubinden der Schnürsenkel. Bei alldem handelte es sich um planvolle Verhaltensmomente. Als er an der Zeugin vorbeiging, schwankte er nicht, wie es ein Betrunkener vielleicht getan hätte. Nein, Florian P. war voll schuldfähig.

Das bestätigte auch ein Gutachter, der seine Alkoholisierung in Bezug auf die Schuldfähigkeit überprüfte. Ein psychologisches Gutachten gab es nicht. Florian P. war ja bisher vollkommen normal gewesen, es gab keinerlei Anzeichen auf irgendeine Störung. Nicht jeder Mensch, der ein Verbrechen begeht, ist deswegen gleich psychisch krank.

Das wahre Motiv von Florian P. konnten wir nicht feststellen. Also nahmen wir an, dass er sexuell frustriert war. Zusätzlich war er noch alkoholisch enthemmt. Vermutlich lag auch noch ein tiefer sitzendes seelisches Ungleichgewicht vor, das in diesem Augenblick vollkommen aus den Fugen geriet. Wodurch, ist nicht zu sagen. Er war nach dieser Nacht, nach dieser Abweisung nur noch darauf aus, diese Blondine zu vergewaltigen, sich den Sex zu holen. Er hatte vermutlich das »Nein« von Stefanie R. nicht akzeptieren können. Eine Unfähigkeit, unter der Tanja R. dann schrecklich leiden musste.

Mein Gericht hat diesen Prozess mit einer sehr harten Strafe für Florian P. beendet. Der Angeklagte wurde zu einer Jugendstrafe von fünf Jahren und sechs Monaten verurteilt. Zu dem Zeitpunkt der Urteilsfällung saß Florian bereits ein halbes Jahr in Untersuchungshaft. Er wurde später aufgrund guter Führung vorzeitig aus der Jugendstrafanstalt entlassen. Grundsätzlich gilt, dass ein Gericht einen Täter milder beurteilt, wenn er noch nicht vorbestraft ist. Dahinter steckt der Gedanke, dass Wiederholungstäter schärfer bestraft werden müssen als ein bislang unbescholtener Bürger, der noch nie auffällig geworden ist.
Der Fall von Florian P. war ein Extrem. Er hatte mit seiner Straftat schwere Schuld auf sich geladen. In der Regel deutet sich bei schweren Gewaltverbrechern immer eine sich verschärfende Geschichte des Verbrechens an. Es beginnt mit kleineren Delikten und steigert sich dann. Nicht so bei Florian P. Bei Florian P. kam der Ausbruch der Gewalt scheinbar aus dem Nichts.

Wir kennen die Gründe für sein Handeln bis heute nicht. Der Mensch sucht sein Leben lang nach Antworten. Er will die Dinge, die ihn umgeben, begreifen. Will die Welt verstehen. Und er will nachvollziehen, warum wir handeln, wie wir handeln. Es fällt uns schwer zu verstehen, wenn Dinge scheinbar ohne Grund passieren. Es entsteht dann ein Gefühl von Leere in uns. Ob Florian P. eine Antwort auf sein Handeln gefunden hat, weiß ich bis heute nicht. Als Florian P. wieder in Freiheit war, begann er seine Tat aufzuarbeiten. Er besuchte eine Psychotherapeutin und versuchte mit ihr gemeinsam zu ergründen, warum er getan hatte, was er getan hat. Er wollte sein Verbrechen verstehen. Wollte sich selbst verstehen.

Allerdings hatte er nicht genug Geld, um die Therapie aus eigener Kraft bis zu deren Ende zu finanzieren. Er hatte seine Lehre verloren und war arbeitslos. Das Gericht beschloss, die Teilnahme an der Therapie von Florian P. zu verlangen, und beschloss gleichzeitig, dass die Erfüllung dieser Auflage auf Kosten des Staates erfolgen sollte. Das Gericht hat ihm die Therapie für ein weiteres halbes Jahr bezahlt.

*

Im Gerichtssaal habe ich Florian P. gefragt, wieso er diese 55-jährige OP-Schwester vergewaltigt habe, wo doch augenscheinlich eher junge Mädchen sein Typ waren. Er blieb unbewegt. Aber seine Antwort war die einzige Reaktion, die wir überhaupt von ihm bekamen. Nur ein einziger Satz, der uns ein klein wenig hinter die Hülle blicken ließ. Er sagte: »Wenn ich gewusst hätte, wie alt die ist, hätte ich die Finger von ihr gelassen.«

Am Ende musste ich das tun, was ein Richter tun muss. Einen Menschen für seine Handlungen verurteilen. Über seine Tat und sein Opfer werde ich noch lange nachdenken.

Die Tat

In diesem Buch werden mehrere Fälle von Sexualdelikten vorgestellt. Das Sexualstrafrecht ist einer der Bereiche, die derzeit juristisch am stärksten reformiert werden. Gesetze sind immer auch eine Reaktion auf gesellschaftliche Veränderungen. Nur um ein paar Beispiele zu nennen: Bis in die 1990er-Jahre stand Homosexualität unter Strafe. Die Unzucht unter Männer (§ 175 StGB, abgeschafft) wurde zwar bereits in den 1970er-Jahren faktisch ausgesetzt, stand aber bis zum 11. Juni 1994 im Strafgesetzbuch. Bis zum Jahr 1997 war eine Vergewaltigung in der Ehe hingegen nicht strafbar. Eine Vergewaltigung wurde als erzwungener außerehelicher sexueller Beischlaf definiert. Sie wurde maximal als Körperverletzung (§ 223 StGB) gewertet.

Das Sexualstrafrecht hat sich massiv verändert. Heute gibt es etwa den Tatbestand der sexuellen Belästigung (§ 184i StGB). Eine sexuelle Belästigung ist beispielsweise der Schlag eines Mannes auf das Gesäß einer Frau in sexueller Absicht. In den 1990er-Jahren gab es diesen Paragrafen nicht. Sexuelle Belästigung wurde als tätliche Beleidigung (§ 185 StGB) gewertet. Die Frau konnte also lediglich eine Anzeige wegen »Beleidigung« erstatten.

Heute gibt es auch den sogenannten »Nein-heißt-Nein«-Paragrafen (§ 177 StGB), der die Vergewaltigung neu definiert. Er wurde ebenfalls im Rahmen der großen Debatte über sexuelle Übergriffe seit der Silvesternacht 2015 in Köln eingeführt. Der »Nein-heißt-Nein«-Paragraf besagt, dass eine Frau nicht mehr bloß, wie bisher, »aktiven Widerstand« gegen eine Vergewaltigung leisten muss, sondern dass es reicht, wenn sie ihrem Gegenüber deutlich macht, dass sie nicht will. Ob mit Worten (»Nein!«) oder mit Taten.

Die bisherige gesetzliche Regelung war schwierig. Ein Mann konnte nicht verurteilt werden, wenn das Gericht nicht nachweisen konnte, dass sich eine Frau aktiv gewehrt hat. Natürlich gab es Männer, die es darauf angelegt haben, diesen Widerstand einer Frau bewusst zu brechen. Oder zu unterbinden. Die neue gesetzliche Regelung ist tatsächlich ein Fortschritt. Sie ist aber noch nicht perfekt. Denn das Gesetz hat einen Fehler. Im Wortlaut heißt es nämlich, dass bestraft wird, wenn ein Täter »gegen den erkennbaren Willen, einer anderen Person sexuelle Handlungen vornimmt«. Doch die Frage ist: Was ist ein erkennbarer Wille? Eine Person, die laut Nein sagt. Eine Person, die sich wehrt. Aber was ist mit der Person, die vor Angst paralysiert ist? Die vor Furcht kein Wort herausbekommt? Was ist mit der Person, die nicht den Kopf schüttelt, die nicht einmal die Kraft hat, den auf ihr liegenden Täter wegzudrücken? Weil die Angst sie lähmt. Oder weil sie sich fürchtet, dass noch etwas viel Schlimmeres passieren könnte. Was ist mit der Person, die geistig behindert ist und weder Nein sagt noch den Täter wegschiebt? Der »erkennbare Wille« ist ein Problem.

KAPITEL 2

Der kleine Nazi

Straftatbestände:
Verwenden von Kennzeichen verfassungswidriger
Organisationen (§ 86a StGB) und vorsätzliche
Körperverletzung (§ 223 StGB)

Die Geschichte

Mitte September in Zwickau. Auf dem Platz der Völkerfreundschaft riecht es nach gebrannten Nüssen und Zwickauer Brühletten, einer lokalen Spezialität aus in Schmalz gebratenem Schweine- und Kalbsfleisch. Man kann sie vielleicht mit Leberkäse vergleichen. Nicht jedermanns Sache, aber die Zwickauer lieben den kleinen Snack, der im Brötchen serviert wird. Die Stimmung ist ausgelassen. Die Menschen sind gut drauf. Familien tummeln sich an den zahlreichen Buden und Ständen, kaufen Süßigkeiten und lösen Tickets für die Fahrgeschäfte und den Mäusezirkus.
Das Wetter ist gut, es ist mild und sonnig. Das Herbstvolksfest läu-

tet gewissermaßen den Sommer aus. Und wenn die Zwickauer etwas können, dann ist das das Genießen der letzten Sommertage. Sie wissen, wie man feiert. Auf dem Kinderkarussell sitzt ein Mädchen, das vor Freude schreit. Im Hintergrund wabert ein Technobeat. Dumpfe Bässe legen sich über die Stadt.

Einen halben Kopf über der Menge schiebt sich eine Glatze durch die Menschenmassen. Es kostet Mike T. keine Mühe, sich seinen Weg zu bahnen. Er ist ein Meter siebenundachtzig groß und wirkt, als wäre er beinahe genauso breit. Eltern ziehen ihre Kinder zur Seite. Jugendliche gehen ihm aus dem Weg. Wenn Mike T. kommt, wird Platz gemacht. Er kennt das nicht anders. In der Mitte zwischen der Schießbude und dem Zuckerwattestand bleibt er stehen. Er schaut sich um. In der linken Hand hält er eine Bierdose. Dann schlägt er die Hacken zusammen, reißt die Rechte nach oben und donnert mit kerniger Stimme ein »Heil Hitler!« in die Menge.
Aus der geselligen und ausgelassenen Stimmung wird innerhalb von Sekunden ein peinlich-berührtes Schweigen. Nur der Technobeat schlägt weiter. Die Leute schauen weg. Eltern ziehen ihre Kinder in eine andere Richtung. Lediglich eine kleine Gruppe von Jugendlichen grölt Beifall.
»Zeig's ihnen, Mike!« – »Jaaaaa, Mann!« – »Bester Typ!«, schreien sie und klatschen.
Es sind vielleicht fünf oder sechs Jungs, die alle aussehen wie Mike. Nur dass sie sehr viel kleiner und sehr viel schmächtiger sind als er. Sie sind vielleicht 16, 17 oder 18 Jahre alt. Jugendliche. Halbstarke. Trotz des guten Wetters stecken sie in schwarzen Bomberjacken. Sie tragen wie er eine Uniform. Dazu gehören: geschnürte Springerstiefel und auf wenige Millimeter heruntergeschorene Haare. Mike T. genießt die Aufmerksamkeit seiner Freunde. Er schüttet das Dosenbier in sich hinein und lässt sich weiter anstacheln. Mike ist in Pöbellaune. Er will jetzt ein bisschen Ärger machen.

Er blafft die Menschen an, die an ihm vorbeiziehen. »Was glotzt du so dämlich?«, schreit er. »Dummer Wichser, komm, verpiss dich!«, faucht er einen Mann im Anzug an und schubst ihn brutal zur Seite. Eine junge Frau mit Kopftuch verschwindet schnell, bevor sie in Mikes Blickfeld gerät. Bloß keinen Ärger. Der Junge scheint unberechenbar zu sein. Die Menschen in Zwickau schauen auf den Boden, wenn sie an ihm vorbeigehen. Hauptsache, er fühlt sich nicht provoziert, denken sie. Hauptsache, ihre Blicke kreuzen sich nicht.
In Zwickau kennt man Mike T., er ist ein stadtbekannter Neonazi. Und er hat einen Spitznamen. Einen Spitznamen, der die halbe Stadt in Schrecken versetzt. Dazu später mehr.

Mike und seine Kameraden ziehen weiter. Dann sehen sie die Schießbude.
»Geil«, sagt Mike und gibt dem Schausteller ein Zeichen, dass er ihm das Luftgewehr reichen soll. Kleine Zinnenten ziehen vorbei.
»Stell mir grad vor, das sind Juden«, lacht Mike und schießt. Ting. Ting. Ting. Drei Treffer. Dann nimmt er das Gewehr kurz von der Schulter. Er hält einen Moment lang inne.
»Hast noch zwei Schuss«, raunt ihm ein Kamerad zu. »Knall die Judenenten weg.«
Aber Mike hat eine andere Idee. Er setzte das Gewehr wieder auf seine Schulter – und zielt dem Schießbudenbesitzer ins Gesicht.
»Schieb mal ein paar Preise rüber«, raunzt Mike ihn an. »Oder du bist mein nächstes Ziel!«
Der Schausteller, ein älterer Mann aus Rumänien, will keinen Ärger. Er reicht Mike und seinen Jungs die abgepackte Zuckerwatte, die er als Trostpreis vergibt, und bietet ihnen auch die großen Teddybären an.
»Behalt den Scheiß«, grölt Mike, schmeißt dem Budenbesitzer die mittlerweile leere Bierdose gegen den Kopf und zieht mit seinen Jungs wieder ab.

Wenn Mike T. durch die Stadt zieht, dann fühlt er sich wie ein Raubtier. Er blickt sich ständig um. Von links nach rechts. Immer auf der Suche nach Beute. Nach Menschen, die er aufmischen kann. Er genießt die Angst, die die Zwickauer vor ihm haben. Und er genießt den Beifall seiner Freunde.

Inzwischen ist die Polizei gerufen worden. Auf einem Volksfest gibt es ohnehin zahlreiche Streifen, die über den Platz patrouillieren. Aber von einer Minute auf die nächste sind nun mehrere Funksprüche eingegangen. Eine Gruppe junger Neonazis macht Stress. »Bitte schnell vorbeigehen«, funkt die Zentrale.
Die Polizisten treten mit einem gewissen Selbstbewusstsein auf. Sie kennen die rechte Szene in Zwickau. Sie kennen ihre Protagonisten. Sie treten am Schießstand auf die Gruppe Skinheads zu.
»Na, guten Abend«, sagen die beiden Beamten.
Die Jugendlichen drehen sich um. Dann entdecken die Polizisten Mike T. – und sie stocken. Kurz wechseln sie Blicke. Einer dreht sich weg und beginnt etwas in das Funkgerät zu nuscheln, das über seiner Schulter hängt.
Ausgerechnet Mike T.
Mike T. hat einen Spitznamen bekommen. Alle nennen ihn den »kleinen Nazi«. Das hat eine gewisse Ironie. Denn klein ist Mike T. nicht. Er ist so breit wie zwei Männer und kann auch so zuschlagen. Man nennt ihn auch deshalb nicht »klein«, weil sein nationalsozialistisches Gedankengut auf einem sehr beschränkten Intellekt basiert und er die Worthülsen nachplappert, ohne wirklich zu verstehen, was er da sagt. Nein, Mike T. ist der »kleine Nazi«, weil er gerade einmal 13 Jahre alt ist. Ein Kind im Körper eines Kolosses.
Mike T. hat nicht viel verstanden in seinem Leben. Aber eine Sache, die begreift er. Er begreift, dass er den beiden Beamten körperlich überlegen ist. Er begreift, dass die Polizisten das auch verstanden haben und darum gerade Verstärkung anfordern. Vor allem aber hat er

begriffen, dass er unverwundbar ist. Die Polizei wird ihm nichts tun. Selbst wenn sie ihn in Gewahrsam nehmen, werden sie ihn immer wieder gehen lassen. Sie müssen ihn gehen lassen. Er ist 13. Er ist nicht strafmündig.

Der Hüne baut sich vor den Polizisten auf. Aus seiner Truppe ist ein höhnisches Lachen zu hören, wie das Meckern einer Hyäne. Mike T. kreuzt seine Finger und streckt seine Hände. Dann bewegt er den Hals einmal nach links und nach rechts und lässt ihn dabei knacken. »Na kommt schon her, wenn ihr was wollt«, sagt er und hebt seine Fäuste wie ein Boxer.
Die Polizisten schauen sich unsicher an.
»Lass den Quatsch, Mike.«
»Was Quatsch, du scheiß Bulle? Komm her. Eins gegen eins.«
»Jawoooooll, zeig's denen!«, brüllen die Freunde.
Die Polizisten gehen langsam, ganz langsam auf Mike zu. Dann springen sie ihn von zwei Seiten an und versuchen ihn zu überwältigen. Sie haben keine Chance. Mike ist zu stark. Er schubst sie einfach weg. Lachend. Erst nach ein paar Minuten kann die Situation geklärt werden. Als Verstärkung eintrifft. Jetzt gehen fünf Mann auf ihn los. Und legen ihm Handschellen an.

*

Widerstand gegen Vollstreckungsbeamte. Mike T. kennt den juristischen Fachbegriff mittlerweile. Er nennt das nur anders. Pöbeln. Oder Bullen aufmischen. Oder auch einfach nur: ein bisschen Spaß haben. Mike T. hat an diesem Abend die Beamten aufgemischt. Und sich ein paar neue imaginäre Orden seiner Neonazi-Freunde verdient. Das hat er nicht zum ersten Mal gemacht. Und er wird es nicht zum letzten Mal tun.
Die Polizei in Zwickau ist machtlos. Der Staat ist machtlos. Sie kön-

nen nichts gegen Mike ausrichten. Er ist 13 Jahre alt. Sie können ihn nicht verhaften. Sie können ihn nur immer und immer wieder nach Hause bringen und seiner Mutter einen Vortrag halten. Meist ist seine Mutter aber gar nicht da. Einen Vater hat Mike nicht mehr. Der hat sich vor einigen Jahren zu Tode gesoffen. Beide Elternteile sind – oder waren – schwere Alkoholiker. Ein Teil der örtlichen Trinkerszene. Wenn die Polizei Mikes Mutter tatsächlich einmal antrifft, hört diese sich den Vortrag der Beamten gelangweilt an. »Ich kümmer mich«, sagt sie und schlägt ihnen die Tür vor der Nase zu. Der Vortrag der Polizisten ist ihr schlichtweg egal. Sie hat mit ihren eigenen Dämonen zu kämpfen. Und noch andere Kinder zu versorgen. Die Familie ist sehr groß. Insgesamt hat Mike T. sieben Geschwister und Halbgeschwister. Viele davon sind polizeibekannt. Aber keiner ist so gefährlich wie Mike T.

Mike T. hat auf seine Weise einen Weg aus dem zerrütteten Elternhaus gefunden. Aber der Weg führt ihn bergab. Er hat das Trinkermilieu gegen das Neonazi-Milieu getauscht. Vermutlich hat Mike T. keine Ahnung, wer Adolf Hitler eigentlich gewesen ist und was im Zweiten Weltkrieg geschah. Vermutlich versteht er nicht die Hälfte, von dem, was er brüllt. Ein Jude ist für ihn ein Schimpfwort. Nicht mehr und nicht weniger. Aber er ist gern unter Gleichgesinnten. Unter Menschen, die ihn für sein Verhalten verehren. Mit seinen Straftaten beeindruckt er sogar Ältere. Mike T. will einfach dazugehören. Und wenn er sich am helllichten Tag mit der Bierflasche in der Hand an die zentrale Bushaltestelle wagt und »Heil Hitler!« brüllt, dann gehört er bei den Neonazis sofort dazu. Er hat sich den Respekt der Kameraden verdient. Gerade wegen seines Alters. Seine Clique besteht nur aus Älteren. Auch Benjamin H., sein bester Freund, mit dem er schon viele Straftaten gemeinsam begangen hat, ist drei Jahre älter als Mike T.

Die Polizei hat bereits das Jugendamt eingeschaltet. Aber auch das Jugendamt ist machtlos. Es hätte Mike bloß in einem Heim unterbringen können. Und was würde ihn da halten? Mike würde seine Tasche nehmen und einfach wieder gehen. Niemand könnte das verhindern. In einem Heim kann man nicht eingesperrt werden. Es hat keinen Sinn. Die Macht des Staates ist in dieser Situation sehr begrenzt. Die Polizei kann nur warten. Auf Mikes Geburtstag. Wenn er vierzehn ist, ist er strafmündig. Es würde nicht mehr lange dauern. Die Beamten haben sich das Datum rot im Kalender markiert. Das Problem ist nur, dass seine Taten von Tag zu Tag schlimmer werden.

*

Drei Monate später im Oktober. Eine Bushaltestelle in Zwickau. Die Straßen sind leer. Nur ein junges Pärchen schlendert Arm in Arm unter dem orangenen Licht der großen Laternen die große Hauptstraße entlang. Es ist Sommer. Caroline und Peter waren im Kino. Sie haben sich in der Spätvorstellung einen Horrorfilm angesehen und wollen jetzt zu Peter nach Hause. Sie sind seit zwei Jahren ein Paar. Peter ist 19, Caroline 18. Eigentlich wollten sie zu Fuß gehen, aber der Spätbus kommt in wenigen Minuten, und warum laufen, wenn man auch bequem mitfahren kann. Die beiden setzen sich an die Haltestelle. Peter auf die Bank, Caroline auf Peter Schoß.
Aber bevor der Bus kommt, kommt Mike T. Er und sein Kumpel Benjamin gehen die Hauptstraße entlang, entdecken das junge Paar und bauen sich vor den beiden auf. Sie haben gerade nichts anderes zu tun. Also pöbeln sie.
»Ey!«, raunt Mike das Paar an.
Die beiden ignorieren die Nazis, die vor ihnen stehen.
»Was ist, du Schwuler, bist du taub?«, richtet sich Mike nun direkt an Peter.

»Was hast du für ein Problem?«, fragt der etwas lustlos zurück.
»Problem? Ich? Sehe ich aus, als hätte ich Probleme?«
Peter starrt auf den Boden.
»Was ist?«, provoziert Mike ihn weiter. »Guck mich an, wenn ich mit dir rede.«
Peter schluckt. Er weiß, dass er nichts gewinnen kann. Das alles falsch ist, was er nun tun wird. Also entscheidet er sich, zumindest halbwegs seine Würde zu bewahren. Er schaut auf. Schaut Mike T. direkt in die Augen.
»Ey, Mike«, sagt dessen Skinheadkumpel. »Guck mal, wie der dich anschaut. Ich glaube das ist wirklich so eine schwule Sau.«
»Ich hasse Schwule«, sagt Mike und geht zwei schnelle Schritte auf das Pärchen zu. Caroline springt von dem Schoß ihres Freundes auf und stellt sich vor den bulligen 13-Jährigen.
»Wir wollen keinen Ärger«, sagt sie, aber Mike T. drückt das Mädchen einfach weg, als wäre sie eine lästige Fliege. Er drückt sie gegen das Bushaltestellenhäuschen. Jetzt springt auch Peter auf, um seine Freundin zu verteidigen, aber er hat keine Chance. Mit seinen gewaltigen Pranken boxt Mike T. dem jungen Mann zweimal in den Magen. Als sich dieser krümmt, reißt er sein Knie hoch und schlägt es ihm gegen die Nase. Benjamin H. greift sofort ein und versetzt dem Opfer dermaßen viele Hiebe, dass der junge Mann mit einem Schmerzensschrei zu Boden geht. Die beiden treten mit ihren Springerstiefeln auf den wimmernden Peter ein. Caroline steht am Rand und muss mit ansehen, wie ihr Freund brutal zusammengeschlagen wird. Sie ist panisch. Weiß nicht, was sie tun soll.
Sie hat ihr Handy in der Hand und spielt mit dem Gedanken, die 110 zu wählen. Aber sie hat Angst, dass mit solch einem Telefonat die Situation nur eskalieren würde. Was soll sie tun? Sie schaut sich um. Da ist niemand, der helfen könnte. Sie ist verzweifelt. Was, wenn die beiden ihren Peter totschlagen?
Der Anblick ihres blutenden Freundes schockiert sie. Sie überwindet

sich, greift ihr Handy und ruft die Polizei, während die beiden Nazis dem wimmernden Peter ins Gesicht spucken.

»Was macht die da?«, fragt Benjamin plötzlich, als er hört wie Caroline in das Telefon flüstert. »Die ruft die Bullen, die Hure.«

Wie Caroline es befürchtet hat, zieht sie die Aufmerksamkeit der beiden nun auf sich. Mike T. ist wie im Rausch. Er packt Caroline mit seiner linken Hand am Hals, sodass sie keine Luft mehr bekommt. Dann schlägt er ihr mit seiner rechten Faust ins Gesicht. Wieder und wieder und wieder. Caroline schmeckt das Blut in ihrem Mund. Spürt jeden einzelnen Schlag auf ihren Kopf. Nach und nach lässt der Schmerz nach. Wird alles immer dumpfer. Immer blasser. Und dann verliert sie das Bewusstsein.

Mike T. lässt erst von dem Paar ab, als es sich nicht mehr regt.

Als die Polizei an den Tatort kommt und hört, was die Opfer erzählen, wissen die Beamten genau, wer dahintersteckt: Mike T. Diesmal bekommen sie ihn dran, weil er vor zwei Tagen Geburtstag hatte, freut sich der ermittelnde Kommissar. Jetzt ist er strafmündig.

*

Drei Tage nach der gefährlichen Körperverletzung, fünf Tage nach seinem Geburtstag, begeht Mike T. die nächste Straftat. Es scheint, als würde er sich nicht wirklich um seinen juristischen Status kümmern. Vielleicht weiß er auch gar nicht, dass sich mit seinem 14. Geburtstag so viel für ihn geändert hat. Mitten in der Stadt rempelt er ein paar Jugendliche in seinem Alter an. Er verprügelt sie. Er begeht die Straftat einer vorsätzlichen Körperverletzung. Weitere zwei Tage später folgt ein Diebstahl. Mike schlendert durch einen Edeka und lässt ungeniert zwei Flaschen Wodka mitgehen. Als er mit den Flaschen im Arm an der Kasse vorbeispaziert und die Kassiererin ihn aufhalten will, sagt er ihr nur, dass sie »ihre Fresse« halten soll. Et-

liche weiter Straftaten folgen, darunter auch das Zeigen des »Hitler-grußes«. In der Woche darauf sieht er einen dunkelhäutigen Mann am Busbahnhof. Ohne Vorwarnung folgt er diesem und schlägt ihm mit der Faust so heftig auf den Kopf, dass sein Opfer benommen zu Boden geht. Auf den Liegenden treten Mike und ein Kumpan mit ihren Springerstiefeln dann ein. Noch am selben Abend klingelt es im Hause T.
Die Polizei greift zu.

Der Prozess

Der Fall von Mike T. ist ein besonderer Fall, denn er zeigt ein ganz besonderes Problem unseres Rechtsstaates. Er zeigt, dass wir noch immer ein Problem im Umgang mit minderjährigen Straftätern haben. Es gab bereits einen ähnlich gelagerten Fall, der ein Jahr zuvor durch die bundesdeutschen Medien ging. Der Fall Mehmet.
Mehmet aus München war ein Intensivstraftäter, der bereits vor seinem 14. Lebensjahr unter Einsatz von erheblicher Gewalt schwere Straftaten beging. Er beraubte Menschen, schlug Menschen zusammen. Er verletzte Menschen, teilweise sehr schwer. Die Polizei nahm ihn immer wieder fest, aber sie konnten ihm nichts anhaben. Er wusste genau, dass er noch nicht strafmündig war. Mehmet war 13, genau wie Mike T. bei seinen Taten.

Die Polizei wartete auf Mehmets Geburtstag. Nachdem er 14 wurde, beging er eine neue schwere Straftat. Er schlug einen Schüler bewusstlos und nahm ihm dann das Handy weg. Sofort klickten die Handschellen. Er kam in Untersuchungshaft und wurde wegen seiner Vorgeschichte, die natürlich aktenkundig war, sowie der neuerlichen Tat zu einer erheblichen Jugendstrafe von einem Jahr verurteilt. Diese musste er nicht verbüßen. Stattdessen war beschlossen worden, den noch jugendlichen Türken abzuschieben – obwohl er mit seinen Eltern schon über Jahre in Deutschland gelebt hatte. Mehmet musste das Land verlassen. Bis heute lebt er bei seinen Verwandten in der Türkei. Er würde gern zurück nach Deutschland kommen, aber die Chancen sind sehr gering. Nicht zuletzt, weil er in der Türkei weitere Straftaten begangen hat.

Mike T. aber konnte man nicht abschieben.

Es ist nicht so, dass der Staat überhaupt keine Möglichkeiten hat bei auffälligen Jugendlichen, die noch nicht die Strafmündigkeit erreicht haben. Nur sind diese Möglichkeiten begrenzt. Und in extremen Fällen sind sie wirkungslos. Mike T. war ein extremer Fall. Zunächst einmal ist die Polizei angehalten, Gespräche mit den Eltern des Straftäters zu führen. Wieder und wieder. Im Fall von Mike zeigten diese Gespräche allerdings keine Wirkung. Weil es seine Mutter ganz offensichtlich nicht interessierte, was ihr Sohn anstellte. Sie war mit den Folgen ihrer Alkoholsucht beschäftigt.

Es gab noch ein anderes Problem. Bis es zu einem Prozess kam, verging abermals viel Zeit. Im Fall Mike T. gab es seit Jahren kistenweise Akten, Vermerke und Berichte von der Jugendgerichtshilfe, von Sozialen Diensten und natürlich von der Polizei. Auch nach seinem 14. Geburtstag hatte Mike T. wieder etliche Strafverfahren produziert. Und ein Strafverfahren besteht aus den Ermittlungen der Polizei, der Abschlussverfügung der Staatsanwaltschaft und der Anklageschrift, mithin aus sämtlichen Papieren, die sich angesammelt haben. Im Fall von Mike T. dauerte es bis zum Prozess fast ein Jahr. Weil die Staatsanwaltschaft und die Gerichte völlig überlastet waren. Als ich wegen weiterer Taten von Mike T. von der Staatsanwaltschaft auf den Aktenberg bei Gericht angesprochen wurde, nahm ich mich sofort dieses Täters vorrangig an. Zunächst habe ich alle 21 Verfahren von Mike T. miteinander zur gemeinsamen Verhandlung und Entscheidung verbunden. Es musste etwas geschehen. Ich verhandelte diesen Fall als eines meiner ersten Verfahren als Jugendschöffengerichtsvorsitzender.

Der Prozess fand im Schwurgerichtssaal statt. Das ist der größte Sitzungssaal im Landgerichtsgebäude in Zwickau. Ich musste diesen Saal nehmen. Es war kein anderer Raum frei. Die Gerichte waren zu dieser Zeit völlig überfordert, es gab viel zu viele Straftaten, die alle gleichzeitig Aufmerksamkeit forderten. Der Schwurgerichtssaal ist ein sehr beeindruckender Raum. Aber er strahlt auch eine bedrückende Atmosphäre aus. Die einzige Lichtquelle sind die viel zu großen Deckenleuchter und die wenigen Lampen, die an der Wand an den dunklen Holzvertäfelungen hängen. Diese Vertäfelungen sind genauso finster wie die Bänke, Stühle und Tische, die den ganzen Raum einnehmen. Alles ist im rechten Winkel angeordnet. Sogar die Jugendstilmalereien an der Decke sind rechteckig und dunkel. Fenster gibt es nicht.

Mitten in diesem Saal saß Mike T. Er war immer noch Furcht einflößend. Seine Glatze und sein übermäßiger Körperwuchs ließen ihn wie ein Riesenbaby aussehen, dem man seine Beschäftigung genommen hatte. Sein Leben bestand aus der Begehung von Straftaten, aus der Zugehörigkeit zum Nazi-Milieu. Er war ein verlorenes, ein hilfloses Kind.

Auf einer der Bänke weiter hinten saß die Mutter von Mike. Ganz allein. Sie konnte sich vor Zittern kaum auf ihrem Platz halten. Ich weiß nicht, ob das vom Alkoholentzug kam oder weil der Prozess ihr so sehr zusetzte. Eigentlich konnte es nicht ihr erster sein, da auch ihre anderen Kinder keine Engel waren.

Der »kleine Nazi« wurde von einem körperlich sehr kleinen Anwalt verteidigt, neben dem Mike T. noch größer wirkte. Der Anwalt wagte die Flucht nach vorn. Viele Verteidigungsstrategien gab es für seinen Mandanten ohnehin nicht. Alle Taten ließen sich nachweisen.

Es war offensichtlich, dass Mike T. immer sehr genau gewusst hatte, was er tat. Sein Handeln war immer vorsätzlich und gezielt. Er war bei keiner der Taten schuldunfähig oder vermindert schuldfähig gewesen. Er hatte eindrücklich unter Beweis gestellt, dass er auch im hochalkoholisierten Zustand noch zielsicher zuschlagen konnte. Der Angeklagte war auch in den Situationen, in denen die Polizei an den Tatort kam, immer zielgerichtet vorgegangen. Entweder um zu fliehen oder um wenigstens der Festnahme zu entgehen, wenn er nicht mehr fliehen konnte. Dann rempelte er sich seinen Weg frei. Er war also nicht zu dumm.

Sein Verteidiger hielt ein flammendes Plädoyer für den jugendlichen Verbrecher. Ein Plädoyer wie aus dem Lehrbuch. Er erklärte dem Gericht, dass die Situation nicht besser werden würde, wenn man Mike T. ins Gefängnis steckte. Das müssten wir einsehen. Dieser junge Mann stamme aus zerrütteten Familienverhältnissen. Es habe nie eine starke Hand gegeben, die ihm den richtigen Weg aufzeigte. Und weil er niemanden gehabt habe, sei er ins Neonazi-Milieu abgerutscht. Dort habe er die Bestätigung und die Anerkennung bekommen, die ihm zu Hause fehlten.

Das war sicherlich richtig. Der Anblick der Mutter in der dritten Reihe und die Abwesenheit von allen anderen Familienmitgliedern reichten schon als Indiz für diese These. Aus der Familie T. waren etliche Straftäter hervorgegangen. Es war nicht ganz falsch, was der Verteidiger da sagte. Wir wägten ab. Wenn wir Mike T. ins Gefängnis steckten, würde er nach einer gewissen Zeit rauskommen und höchstwahrscheinlich einfach da weitermachen, wo er aufgehört hatte. Also versuchten wir einen Zwischenweg zu gehen. Wir versuchten ihm eine Hand zu reichen. Wir versuchten ihn aus dem Neonazi-Milieu zu ziehen.

Wir verurteilten Mike T. wegen des Verwendens von Kennzeichen verfassungsfeindlicher Organisationen, der mehrfachen Körperverletzung und der gemeinschaftlich begangenen gefährlichen Körperverletzung, Beleidigung, Sachbeschädigung, des gemeinschaftlichen Diebstahls in 19 Fällen, der fahrlässigen Trunkenheit im Verkehr und des vorsätzlichen Fahrens ohne Fahrerlaubnis. Wir entschieden uns für eine Jugendstrafe in der Höhe von zwei Jahren. Das war extrem hoch für einen jungen Mann, der gerade einmal 14 Jahre alt war. Aber wir sperrten ihn nicht ein. Diese sehr hohe Jugendstrafe wurde nicht vollstreckt, sondern deren Vollstreckung zur Bewährung ausgesetzt. Und zwar mit einem großen Katalog an Maßnahmen. So verboten wir ihm, ab 19 Uhr noch in der Stadt unterwegs zu sein. Frühmorgens durfte er ab acht Uhr in die Stadt. Wir verboten ihm, den Busbahnhof der Zentralhaltestelle in Zwickau aufzusuchen, weil sich dort die jungen und insbesondere auch die rechtsradikalen Straftäter trafen, ihr Bier tranken und in der Folge routinemäßig Straftaten begingen. Eine weitere Auflage bestand darin, dass er regelmäßig die Berufsschule besuchen musste, denn zur Schule war er natürlich auch nicht mehr gegangen. Es wurde ihm verboten, in der Öffentlichkeit Alkohol zu trinken. Er musste Arbeitsstunden ableisten. Er musste Entschuldigungsbriefe schreiben. Ein riesiges Bündel an Maßnahmen, um dem jungen Mann eine Botschaft zu vermitteln: Ja, du hast diese Fehler gemacht. Dafür machst du jetzt das Richtige. Dann kommst du mit einem blauen Auge davon. Wenn du jedoch nur gegen eine der Auflagen verstößt, musst du ins Gefängnis. Das war unsere Strategie: Wir wollten ihn erzieherisch beeinflussen und gleichzeitig davon abhalten, weitere Straftaten zu begehen.

Damals dachte das Gericht, dass der Angeklagte auf diese Weise gestoppt werden könnte. Dass er sich besinnen würde. Ich hatte wirklich Hoffnung. Ich hatte ihn ja gesehen, hatte gesehen, wie geknickt er im Gerichtssaal saß, als er das erste Mal in seinem Leben die Konsequenzen seiner Taten spüren musste. Konsequenzen, die er nicht einfach wegprügeln konnte.

Doch meine Hoffnung entpuppte sich als Illusion. Die ersten paar Wochen gelang es Mike T., sich an die Auflagen zu halten. Im dritten Monat beging er ein Körperverletzungsdelikt. Mike T. fing nun auch an, Drogen zu konsumieren. Am Anfang war es nur Marihuana, relativ bald kam Crystal Meth dazu. Also musste er doch in die Jugendstrafanstalt. Die zweijährige Haftstrafe wurde vollstreckt.

*

Heute ist Mike T. erwachsen. Ich sehe ihn immer noch regelmäßig vor Gericht. Er ist weiterhin ein Intensivstraftäter. Allerdings begeht er keine Raubstraftaten mehr. Es sind jetzt meist Drogendelikte und andere kleine Straftaten. Er beschäftigt vor allem die Strafrichterkollegen. Mike T. hat sich aus dem Trinkermilieu seiner Familie ins Neonazi-Milieu geflüchtet. Und aus dem Neonazi-Milieu rutschte er ins Drogenmilieu. Mike T. ist heute schwer drogenabhängig – einer unserer sogenannten »Stammkunden«.

Die Tat

Einer der Tatvorwürfe gegen Mike T. ist jener der Verwendung von Kennzeichen verfassungswidriger Organisationen (§ 86a StGB), der mit bis zu drei Jahren Freiheitsstrafe geahndet wird. Mit diesem Paragrafen wird eine ganze Palette von möglichen Straftaten abgedeckt. Vom Besitz nationalsozialistischer Flaggen bis hin zum Zeigen des Hitlergrußes. Welche Organisationen gegen die Verfassung verstoßen, wird durch das Justizministerium festgelegt. Das geht von linksextremistischen Organisationen über den Islamischen Staat bis hin zu sämtlichen Nationalsozialistischen Vereinigungen. Unter die verfassungsfeindlichen Kennzeichen fällt somit auch die gesamte Symbolik des Nazi-Reichs. SS-Runen, Parteiuniformen, Fahnen, Abzeichen, aber eben auch Grußformen wie der Hitlergruß.

Allerdings sind politische Straftaten immer ein schwieriges Feld. Die Grenzen des Sagbaren werden in unserem Staat ständig neu vermessen. Das zeigt auch die sehr späte Freigabe von Hitlers »Mein Kampf«. Sollte man diese Hetzschrift wirklich frei zugänglich machen? Oder ist es nicht vielleicht sogar sinnvoll, es zu tun? Um eine nachfolgende Generation aufzuklären über die kruden Gedanken einer der größten Massenmörder unserer Zeit? Man entschied sich letztlich für einen Kompromiss. Das Buch ist in Deutschland seit 2017 erhältlich. Allerdings nur in einer ausführlich kommentierten Fassung.

Das Zeigen nationalsozialistischer Symbole im Film ist übrigens erlaubt. Dort gilt die Kunstfreiheit (Artikel 5 GG). Bemerkenswert: In Computerspielen galt sie bislang nicht. In Deutschland ist dafür die Unterhaltungssoftware Selbstkontrolle (USK) zuständig, die über die Vergabe von Altersbeschränkungen und Freilassungen entscheidet. Bislang wurden Spiele, wie etwa die bekannte »Wolfenstein«-Serie, die das fiktive Szenario aufbereitet, dass das NS-Regime gegenwärtig an der Macht ist und bekämpft werden muss, in Deutschland nicht uneingeschränkt zugelassen. Die Hakenkreuze mussten entfernt werden. Im August 2018 kündigte die USK allerdings erstmals an, künftig neue, liberalere Wege gehen zu wollen.

Damit könnten Nazi-Symbole in Computerspielen zukünftig sichtbar sein.

KAPITEL 3

Der Friedhofsräuber von Crimmitschau

Straftatbestände:
Raub, Gefährliche Körperverletzung
(§§ 223, 224, 249 StGB)

Die Geschichte

Sören Ranf wächst in einem Vorort von Zwickau auf. In einem Frauenhaushalt. Dort lebt er gemeinsam mit seiner Mutter und seinen beiden Halbschwestern. Als Sören in den Kindergarten kommt, als Sören seine ersten Freunde kennenlernt, als Sören sieht, wie andere Familien sind, da beginnt er festzustellen, dass etwas in seiner Familie anders ist. Dass etwas fehlt. Dass er keinen Vater hat. Also geht er zu seiner Mutter und spricht sie darauf an. Er ist fünf Jahre alt. Seine Mutter setzt sich mit Sören auf das Sofa und schaut ihn mit ernsten Augen an.

»Du hast keinen Vater«, sagt sie ihm.

»Aber alle Kinder haben einen Vater«, entgegnet er.

Sörens Mutter massiert sich die Schläfen. Wie soll sie ihrem Jungen das erklären? Sie hat eine Affäre gehabt, und aus dieser Affäre ist er entstanden. Sie erinnert sich nicht mal mehr richtig an den Namen von dem Kerl. Sie weiß nicht, wer der Mann ist. Magda Ranf überlegt ein paar Sekunden. Soll sie ihm eine Geschichte erzählen? Ein Märchen? So wie den Kindern in den Filmen immer abenteuerliche Geschichten erzählt werden? Die Geschichte von dem Vater, der als tapferer Soldat in den Krieg gezogen und gestorben ist? Ach was. Es gibt schon lange keine Kriege mehr, in die man hätte ziehen können. Und überhaupt. Sie entschließt sich, ihrem Sohn die Wahrheit zu sagen.

Und so erfährt der fünfjährige Sören Ranf, dass seine Mutter einen One-Night-Stand mit einem Mann hatte, den sie nicht kannte. Erst sehr viel später wird er begreifen, was ein One-Night-Stand überhaupt ist. Aber zumindest ist ihm schon jetzt klar: Er wird seinen Vater wohl niemals kennenlernen.

Bevor Magda Ranf ihren Sohn wieder in sein Kinderzimmer schickt, sagt sie ihm noch einen Satz, der sich ihm einbrennt: »Sei nicht traurig. Du hast doch jetzt einen neuen Vater.«

Dann zieht sie die Tür zu und lässt ihren Sohn allein mit seinen Gedanken und der ersten Narbe auf der jungen Seele.

Du hast doch jetzt einen neuen Vater. Sören denkt über diesen Satz nach. Der neue Vater. Damit ist Markus gemeint. Der Freund seiner Mutter. Er hat ihn nie als Vater gesehen. Er ist ja auch noch gar nicht so lange da. Seit ein paar Monaten kommt er hin und wieder vorbei. Aber vielleicht sollte er in Markus wirklich mehr sehen als nur einen Besucher?

Markus ist Facharbeiter. Er kommt aus Bayern. Zunächst nur am Wochenende. Sören mag ihn. Markus ist nett. Markus hat zwar nur Augen für Sörens Mutter, aber Sören denkt sich, dass das ganz normal ist. Immerhin ist Markus nur zwei Tage in der Woche da. Da will er Zeit mit ihr verbringen. Sören hat die Hoffnung, dass sich daran etwas ändern könnte. Immer wieder spricht seine Mutter davon, dass man bald zusammenziehen werde. Und dass man dann eine ganz normale Familie sei. Sören findet den Gedanken schön. Eine normale Familie. Dann hätte er endlich einen Vater. Wie die anderen Kinder auch.

Irgendwann ist es dann so weit. Sören ist mittlerweile in der Grundschule, als seine Mutter und Markus ihm und seinen beiden Schwestern am Esstisch erzählen, dass sie sich entschlossen haben. Sie wollen den großen Schritt wagen. Sie werden tatsächlich zusammenziehen. Es gebe da nur einen Haken. Es sei nicht möglich, in Zwickau zu bleiben. Die Familie werde sich eine Wohnung in Bayern suchen. Markus habe da einen guten Job. Den könne er nicht aufgeben. Und Sörens Mutter, ja, die werde schon etwas Neues finden. Kein Problem. Nächsten Monat werde es schon so weit sein.

Als Sören zurück in sein Zimmer geht, merkt er, dass sich etwas verändert hat. Aus der Freude wird Angst. Angst vor der Zukunft. Wenn er nach Bayern ziehen muss, was wird dann aus seinen Freunden? »Du findest neue«, sagt Markus, und das Thema ist beendet. Aber in Sören arbeitet es weiter.

Dann kommt der Umzug. Eine neue Wohnung. Ein neues Umfeld. Eine neue Schule. Es fällt Sören nicht leicht, sich einzufinden in dieses neue Leben. Die Kinder aus Zwickau, die hat er viele Jahre gekannt. Sie sind neben ihm aufgewachsen. Nachbarn. In Bayern ist er der Neue. Der Fremde. Aber das ist nur in den ersten paar Monaten ein wirkliches Problem. Dann wird es von einem noch viel größeren Problem verdrängt.

Und dieses Problem ist Markus.

Er hat Sörens Mutter mittlerweile geheiratet. Eine kleine Hochzeit, es gibt nicht einmal eine große Feier. Am Abend der Hochzeit setzt sich Markus auf das Bett von Sören. »Jetzt darfst du mich auch Papa nennen«, sagte er.

Eigentlich ein schöner Moment. Eigentlich hat es sich Sören so gewünscht. Aber Markus verhält sich nicht so wie ein Vater. Zumindest nicht so, wie sich Sören gewünscht hat, dass ein Vater sich verhält.

Markus ist ein Trinker. Jeden Abend ein paar Flaschen Bier. Mal zwei Flaschen. Mal drei Flaschen. Und wenn es mehr als drei Flaschen werden, dann weiß Sören, dass er sich auf Ärger einstellen kann. Markus findet immer einen Grund. Mal ist die Wohnung nicht ordentlich aufgeräumt. Mal sind die Kinder zu laut. Mal zieht ihm seine neue Frau »das Geld aus der Tasche«.

Sören bekommt alles mit. Er versteht vieles nicht. Aber er sieht, wie der Streit immer öfter eskaliert. Wie Mama versucht, sich zu verteidigen. Wie danach immer nur alles schlimmer wird. Irgendwann sitzt er im Wohnzimmer und beobachtet, wie sein Stiefvater und seine Mutter sich anschreien, so wie das mittlerweile fast täglich der Fall ist. Aber dieses Mal ist etwas anders.

Dieses Mal bleibt es nicht beim Geschrei. Dieses Mal steht Markus auf, holt aus und schlägt Sörens Mutter mit voller Wucht ins Gesicht. Sören hat das Bild noch vor Augen. Er sieht es wie in Zeitlupe. Er sieht seine Mutter vor sich. Sieht, wie sie sich eine Hand an ihre gerötete Wange hält und versucht nicht zu weinen. Nicht vor ihrem Sohn. Dann schickt sie ihn in sein Zimmer. Er will nicht gehen. Will sie nicht allein lassen. Aber er hat keine Wahl.

»In dein Zimmer, Sören! Sofort!«

Mamas Wort ist noch immer Gesetz.

*

Von diesem Tag an wird alles noch schlimmer. Die Schläge sind zunächst eine Ausnahme, aber aus der Ausnahme wird schnell eine

Regel. Gewalt wird in der Familie zum Alltag. Immer wieder hört Sören, wie sein Stiefvater seiner Mutter droht.

»Ich bringe dich um.«

»Ich schlage dich tot.«

»Ich prügel dich ins Krankenhaus.«

Es kommt immer und immer wieder zu Konflikten in der Familie. Zu Bedrohungen. Zu Misshandlungen. Irgendwann hat die Mutter genug. Als Markus nicht zu Hause ist, reift sie sich einen Koffer. Sie packt ein paar Klamotten ein, mehr nicht. Dann kommt sie zu Sören ins Zimmer und schmeißt ihm den Rucksack hin.

»Pack deine Sachen«, befiehlt sie ihm. Dann nimmt seine Mutter ihn und seine beiden Schwestern und steigt ins Auto.

»Wo fahren wir hin?«, fragt er.

Keine Antwort.

Es wird eine lange Fahrt. Es ist eine wortwörtliche Nacht-und-Nebel-Aktion. Es ist kurz vor Mitternacht, als die Familie das Frauenhaus erreicht. Es liegt mitten im Wald. Ein großes, umzäuntes Haus. An der Tür nennt Sörens Mutter ein Passwort. Erst dann wird ihr geöffnet. Eine Frau setzt sich zu Sören und seinen Schwestern und erzählt ihnen, dass sie sich in einem ganz besonderen Haus befinden. »Hier kommen Frauen und Familien hin, die Schutz suchen.«

Sören fragt nicht weiter nach. Er versteht sofort.

Dann erklärt die Frau den Kindern, dass sie niemandem erzählen dürften, wo sie sind. Niemandem. Sonst würden böse Männer kommen, die ihnen böse Dinge antun. Sören versteht. Er hat Angst. Aber er ist auch froh, von zu Hause weg zu sein. Von seinem prügelnden Stiefvater.

Mit der Zeit gewöhnt er sich an sein neues Zuhause. Er bezieht mit seinen Schwestern und seiner Mutter ein kleines Zimmer mit Stockbetten. Nach und nach lernt er die anderen Kinder kennen, die auch vor Ort sind. Er spielt mit ihnen im Wald. Oder beschäftigt sich mit sich selbst. Er ist einer der ganz wenigen Jungen hier. Jungen, wird ihm erklärt, dürfen nur im Frauenhaus sein, wenn sie noch Kinder sind. Wenn er 16 wird, muss er gehen. Das ist noch lange hin. Sören hofft, dass er nicht noch viele Jahre hier leben muss. Aber er hofft auch, dass sie nicht wieder nach Hause gehen. Zu Markus. Zu »Papa«. Eigentlich weiß Sören gar nicht, was er will. Alle Alternativen sind gleich schlimm. Er würde gern darüber reden. Mit irgendwem. Aber seine Schwestern machen das unter sich aus. Sie halten zusammen. Sören findet irgendwie kein Gehör bei ihnen. Er will sich auch nicht ausheulen. Er ist ja der Junge, und so wie er das verstanden hat, müssen die Jungs immer stark sein und dürfen vor den Mädchen keine Schwäche zeigen. Von seiner Mutter würde er sich trotzdem gern trösten lassen. Doch auch sie ist in dieser Zeit nicht für ihn da. Sie sitzt bloß in ihrem Zimmer und weint. Wenn sie nicht weint, dann telefoniert sie. Drei Monate geht das so. Es ist fürchterlich.

Irgendwann ruft sie ihren Mann an. Und verspricht ihm, dass sie zurückkommen wird.

Die Familie zieht zurück in die alte Wohnung. Ein paar Wochen ist alles in Ordnung. Dann fängt Markus wieder an, seine Frau zu schlagen. Und dabei bleibt es nicht. Er erhebt jetzt auch die Hand gegen Sören und seine beiden Schwestern.

*

Als Sören zwölf Jahre alt ist, reicht es ihm. Er kann nicht mehr. Er will nicht mehr. Er hat genug von dem Stress, genug von dem Geschrei, genug von den Schlägen. Sören fängt an, sich zu verändern. Er geht nicht mehr in die Schule. Aber er will auch nicht mehr zu Hause sein.

Er trifft sich mit seinen Freunden in der Innenstadt. Sie hängen rum. Schlagen die Zeit tot. Manchmal gehen sie in Geschäfte und klauen etwas. Kleinkram. Kaugummis, Snickers oder Eis. Manchmal randalieren sie und treten Mülleimer um. Immer wieder greift die Polizei ihn auf. Aber sie kann nichts machen. Sören ist noch nicht strafmündig. Irgendwann richtet sich seine Aggression auch gegen seine eigene Familie. Er klaut seinen Eltern Geld. Erst nur ein paar Mark. Später dann alles, was sie im Portemonnaie haben. Er nutzt das Geld, um einfach so mit seinen Freunden in den Tag hineinzuleben. Seine Mutter ist überfordert. Markus auch. Wenn er Sören erwischt, verprügelt er ihn so brutal, dass Sören ein paar Tage nicht in die Schule gehen kann. Das ist ihm ganz recht. Er will eh nicht in die Schule gehen. Die Polizei ist machtlos. Und dann kommt das Jugendamt ins Spiel. Es werden Gespräche geführt. Vergeblich. Sören wird wieder auffällig. Schwänzt wieder die Schule. Klaut. Dann gibt es neue Gespräche. Es reicht. Irgendetwas muss passieren. Sören ist auf dem besten Weg, komplett den Halt zu verlieren. Jetzt muss etwas getan werden. Das Jugendamt entscheidet, dass es das Beste sei, ihn vorläufig aus der Familie zu nehmen. Sören kommt in ein Heim. Und es tut ihm gut.

Den Betreuern gelingt es, den Jungen einzufangen. Er geht wieder in die Schule. Seine Leistungen bessern sich. Als er 16 Jahre alt ist, macht er einen ordentlichen Hauptschulabschluss. Die Struktur und Disziplin geben ihm Halt. Er ist ja ständig unter Aufsicht. Es gibt Betreuer, die immer ein offenes Ohr für Sören haben. Und es gibt strenge Regeln. Bettruhe um 21 Uhr. Aufstehen um 7 Uhr. Ein geregelter Tagesablauf. Niemand, der zuschlägt. Während die anderen Kinder im Heim sich über die Bevormundung beschweren, freut sich Sören, dass endlich Menschen da sind, die sich um ihn kümmern. Es sind positive Jahre für ihn. Sie enden an dem Tag, an dem er seinen Schulabschluss hat. Denn ab diesem Tag darf er nicht mehr im Heim wohnen.

Er bekommt eine Wohnung in einer Außenwohngruppe des Heims zugeteilt. Das soll ihn auf die Selbstständigkeit vorbereiten. Man kann sich diese Wohnung wie eine WG vorstellen. Eine WG von Ex-Heimkindern, die alle aus irgendeinem Grund an irgendeinem Punkt in ihrem Leben den Halt verloren haben. Sören versteht sich gut mit seinen neuen Mitbewohnern. Es sind lockere Typen. Und plötzlich geht auch Sören die Dinge wieder etwas lockerer an. Jetzt, wo keine Aufsichtsperson mehr da ist, die ihn kontrolliert. Jetzt, wo nur er sich selbst kontrolliert. Er lebt wieder mehr in den Tag hinein. Die feste Struktur, den geregelten Alltag, den er im Heim hatte, den hat er nun nicht mehr. Aber er braucht ihn auch nicht, sagt er sich. Er hat es doch allen bewiesen. Hat allen bewiesen, dass er auch anders kann. Dass er diszipliniert sein kann, wenn er nur will. Schließlich hat er doch seinen Schulabschluss. Wer will ihm da noch etwas anhaben?

Die Mitbewohner von Sören sind Kiffer. »Willst du auch mal probieren?«, fragen sie ihn eines Tages, als sie alle gemeinsam in der Küche sitzen.

Er zögert nicht, nimmt den Joint, nimmt einen Zug und denkt sich: Klar. Was soll schon passieren? Das Gras zeigt schnell Wirkung. Sören entspannt sich. Alles läuft auf einmal sehr viel langsamer ab. Alles ist gedämpft. Die Sorgen, die Gedanken, die er hat, die Zukunftsängste, die ihn noch immer plagen, verschwinden in einem Nebel aus süßlichem Cannabis.

*

Das Kiffen ist nur der Einstieg. Sören gefällt das Gefühl der Betäubung. Es ist wie ein schöner Schleier, der sich über die hässliche Realität legt. Denn noch immer weiß er nicht, was er machen soll. Er hat keinen Ausbildungsplatz gefunden. Vielleicht, fürchtet er, vielleicht ist er doch nicht gut genug. Vielleicht ist er nur ein Versager. Um die Gedanken zu verdrängen, probiert er andere Drogen aus. Er schluckt Pillen. Er zieht Pep. Er experimentiert mit allem, was er in die Finger bekommt. Und er verliert seinen Weg. Er kommt nicht los von den Drogen. Er schafft es nicht, sich anzupassen. Im Rausch verändert sich Sören. Er ist jetzt oft streitlustig. Und wenn er Geld braucht, dann klaut er es. Irgendwann auch von seinen Mitbewohnern. Keine gute Idee. Er fliegt aus der Jugendhilfeeinrichtung, nach nur drei Monaten.

»Es passt einfach nicht«, heißt es. Sein Verhalten stachle die anderen Jugendlichen auf.

Das ist im März. Sören Ranf ist 17 Jahre alt. Weil er nicht weiß, wo er hingehen soll, geht er wieder zurück zu seiner Mutter und seiner Schwester. Seine Mutter hat sich mittlerweile von Markus getrennt. Sie hat den Absprung geschafft. Sören nicht. Sörens Familie lebt mittlerweile in Rheinland-Pfalz. Er zieht hinterher. Sörens Mutter hat einen neuen Mann kennengelernt. Es ist nun der dritte Mann, mit dem sie verheiratet ist. Es ist Sören unangenehm, in diese Familie zurückzuziehen. Er kommt sich wie ein Versager vor. Schon wieder. Aber was soll er denn tun? Er hat keine Wahl. Keine Perspektive.

In der Familie fühlt er sich wie das sprichwörtliche fünfte Rad am Wagen. Mit dem neuen Stiefvater findet er keine Basis. Man ignoriert sich. Besser als Prügel, denkt Sören, aber innerlich ärgert er sich dennoch. Am meisten über sich selbst. Er spürt ja, wie er die Familie belastet. Er spürt ja, dass er der Fremdkörper ist. Um dieses Gefühl loszuwerden, nimmt er wieder Drogen. Mehr Drogen als vorher. Härtere Drogen als vorher. Er versackt. Er dämmert von Tag zu Tag. Bis es seiner Mutter reicht.

»So geht es nicht weiter«, sagt sie. »Ich habe das schon einmal durchgemacht. Entweder du kriegst dein Leben in den Griff, oder ich schmeiße dich raus.«

Sören will ja. Er will nichts mehr, als alles im Griff zu haben. Aber er weiß nicht, wie.

»Orientier dich mal an deinen Schwestern«, sagt seine Mutter ihm. »Die haben auch eine Ausbildung gefunden.«

Dann schließt sie die Tür. Und Sören gibt sich komplett die Kante.

Nach drei Monaten schmeißt seine Mutter ihn raus. Sie hat keine Kraft mehr. Sören kommt in eine sozialpädagogische Jugendgemeinschaft. Dort gibt es viele Gespräche. Mal wieder. Man sagt ihm, dass er sich zusammenreißen muss. Dass er nicht mehr viele Chancen hat. Dass er kurz davorsteht, sein Leben an die Wand zu fahren. Die Sozialpädagogen organisieren Sören eine eigene Wohnung und einen Ausbildungsplatz. Er zieht dafür nach Bayern. Sören sieht das als einen Neuanfang. Er hat doch schon einmal bewiesen, dass er durchziehen kann. Das wird er auch dieses Mal tun, sagt er sich.

Und es klappt. Er lässt die Finger von den Drogen. Konzentriert sich auf seine Ausbildung. Forstwirtschaft. Das macht ihm Spaß. Er ist gern draußen in der Natur. Sören gibt sich Mühe. Er mag seine Kollegen, und seine Kollegen mögen ihn. Er diszipliniert sich. Schafft es, seinen eigenen Haushalt zu führen. Ja, er ist wirklich stolz auf sich.

Als er den ersten Ausbildungsmonat hinter sich hat, beschließt Sören feiern zu gehen. Er kennt nur wenige Leute in seiner neuen Stadt, aber das ist ihm egal. Es geht ihm gar nicht so sehr darum, neue Leute kennenzulernen. Er will sich einfach nur selbst feiern. Sich etwas gönnen. Dafür, dass er den Absprung geschafft hat.

Er erinnert sich an die Worte des Jugendbetreuers: »Das ist deine letzte Chance.« Und hat Sören sie nicht genutzt? Doch, hat er. Darauf ein Bier. Darauf einen Schnaps. Die Nacht wird länger und länger. Sören zieht durch die Bars. Lernt Menschen kennen. Unterhält sich mit ihnen. Trinkt mit ihnen. Und irgendwann bietet ihm jemand eine Tablette an. Ecstasy. Nein, denkt Sören. Das ist vorbei. Auf der anderen Seite: Er hat es doch geschafft. Und verdammt, er hat es wirklich nicht leicht gehabt. Keinen richtigen Vater, dafür einen prügelnden Stiefvater. Keine richtige Heimat. Von der Schule geflogen. Im Frauenhaus gelebt, im Heim gelebt, in Sozialhilfeeinrichtungen gelebt. Er hat die Kurve gekriegt. Wohnt in seiner eigenen Bude. Hat eine tolle Ausbildung. Nette Kollegen. Ist doch alles gut. Warum Nein sagen? Eine Tablette, was ist das schon? Es ist bloß eine Belohnung. Eine Belohnung für ihn selbst.

Sören nickt, greift die Tablette, die ein Mädchen ihm hinhält, und spült sie mit einem großen Schluck Bier runter. Und plötzlich ist alles anders.

Sören ist wieder zurück. Zurück in seiner Parallelwelt. Zurück in seiner Rauschwelt. Alles ist so intensiv. Fühlt sich so richtig und so gut an. Gott, wie hat Sören das vermisst. Wie hat er es nur so lange ohne aushalten können? Von diesem Abend an kann er nicht mehr ohne Drogen leben. Das merken auch seine Vorgesetzten. Sie sprechen ihn auf sein merkwürdiges Verhalten an. Immer öfter wirkt er abwesend. Als wäre er gar nicht mehr so richtig bei der Sache. Was denn los sei? Er habe doch so einen guten Start gehabt.

Alles gut, sagte Sören nur.

Das ist sein Standardsatz in solchen Situationen. In Situationen, die ihm unangenehm sind. Situationen, die er vermeiden wollte.

Alles gut.

Aber nichts ist gut. Sören bekommt es nicht hin. Er packt es morgens nicht mehr, aus dem Bett zu kommen. Er schwänzt seinen Dienst. Und nach drei Monaten bekommt er seine Kündigung zugestellt. Er hat es versaut. Er weiß das.

*

Der Abstieg von Sören Ranf hat begonnen. Denn mit seiner Ausbildung verliert er auch seinen letzten Halt. Er verdient kein Geld mehr. Er muss seine Wohnung kündigen. Was nun? Zurück zu seiner Mutter? Auf keinen Fall. Er schreibt ein paar alte Freunde an. Ob er nicht ein paar Tage bei ihnen wohnen könnte? So hangelt er sich von Tag zu Tag. Von Couch zu Couch. Irgendwann hat eine alte Freundin Mitleid. Er kennt sie noch aus Zwickau. «Du kannst bei mir wohnen«, bietet sie ihm an.»Meine Bude ist groß genug.« Sören nimmt an. Er hat auch keine andere Wahl. Das Mädchen war früher in seiner Clique, aber so wirklich kennt er sie nicht. Sie sind eher flüchtige Freunde. Und dennoch ist er froh, dass sie für ihn da ist. Sie kommen sich näher. Er schläft mit ihr.

Eines Tages eröffnet sie ihm, dass sie schwanger ist.

Er weiß nicht einmal, wie lange er zu diesem Zeitpunkt bei ihr gelebt hat. Drei Wochen? Drei Monate? Ein halbes Jahr. Die Tage ziehen einfach vorbei. Einer ist wie der andere. Bedeutungslos. Ohne Hoffnung. Es passiert einfach nichts. Dass er nun Vater werden soll? Es ist ihm egal. Die Drogen haben ihn mittlerweile so sehr betäubt, dass er gar nichts mehr empfindet. Die Beziehung bricht auseinander. Cindy setzt ihn vor die Tür. Von diesem Tag an hat er keinen Kontakt mehr zu ihr. Das Kind bekommt er nie zu sehen.

Jetzt beginnt wieder die Couchsurferzeit. Sören muss sich Nacht für Nacht eine neue Unterkunft organisieren. Manchmal findet er keine. Dann schläft er draußen. Auf der Straße. Würde er über seine Situation nachdenken, würde er sich vielleicht über seinen rasanten Abstieg wundern. Aber er wundert sich schon lange nicht mehr. Er betäubt sich.

Da er kein Geld hat, fängt er an, die ersten Straftaten zu begehen. Kleine Diebstähle. Größere Diebstähle. Schließlich ein Raubüberfall. Die Polizei fasst Sören. Er wird verurteilt. Ein Jahr und zehn Monate. Er kommt in Haft. Wird vorzeitig entlassen. Jetzt hat er einen Bewährungshelfer. Einen engagierten jungen Mann. Er hat Mitleid mit Sören. Er erkennt, was Sören braucht. Eine Struktur. Also besorgt er Sören einen Job. Und eine Wohnung für Strafentlassene. Aber Sören ist zu tief im Sumpf gefangen. Er schwänzt seine Arbeit, nimmt Kontakt mit alten Freunden auf und begeht neue Delikte. Es sind meist Diebstähle. Weil er Geld braucht. Oft sind seine Straftaten aber auch nur Ausdruck einer Aggressivität, die nun endgültig ihr Ventil sucht. So sitzt Sören auf einer Parkbank, als ein Mann vorbeigeht.

»Na, was glotzt du denn so?«, schreit Sören ihn an.

Der Mann zuckt mit den Schultern und geht weiter. Sören und seine Freunde stehen auf und folgen ihm.

»Hey, du Penner, wir haben dich etwas gefragt!«

Dann prügeln sie willkürlich auf ihn ein. Sören lässt alles aus sich raus. Seine ganze Wut. Seinen ganzen Hass. Seine ganze Verzweiflung.

Die Vorstrafen häufen sich.

*

Und dann begeht Sören Ranf seine letzte große Tat. Im Februar zur Mittagszeit. Ein kühler Tag. Marlies S. fährt mit ihrem zehn Jahre alten Opel Corsa am Friedhof in Crimmitschau vor. Sie parkt ihren himmelblauen Wagen gegenüber der Bushaltestelle. Auf dem kleinen Parkplatz. Als sie aussteigt, sieht sie einen jungen Mann an der Haltestelle sitzen. Es ist Sören. Er hat einen Hoodie an. Die Kapuze hat er sich über den Kopf gezogen. Er wippt nervös vor und zurück. Marlies S. blickt zu ihm hinüber. Sie kennt den jungen Mann nicht. Aber er sieht traurig aus.

Marlies S. weiß, wie es ist, unglücklich zu sein. Sie ist 60 Jahre alt. Vor zwei Wochen ist ihr Mann gestorben. Letzte Woche war die Beerdigung. Manchmal schmerzt die Trauer unerträglich, sie geht mit langsamen Schritten auf den Friedhof. Sie hat zwei Blumensträuße dabei. Auf dem Friedhof herrscht völlige Ruhe. Nur ein paar Vögel singen. Marlies S. atmet tief durch. Sie genießt die besondere Atmosphäre an diesem Ort. Er macht sie demütig. Langsam schreitet sie an den vielen Gräbern vorbei. Sie liest die Inschriften. Die Lebensdaten der Menschen. Wann sind sie geboren? Wann gestorben? Die kleinen Grabsteine erzählen manchmal große Geschichten. Eine alte Dame, die noch beide Weltkriege erlebt hat. Ein junges Kind, das nur drei Jahre leben durfte. Eine Frau, die im besten Alter gestorben ist. Es sind nur Ausschnitte. Lebensausschnitte.

Marlies S. reißt sich aus ihren Gedanken und besucht zunächst das Grab ihres Vaters. Er ist schon viele Jahre tot. Sie legt ihren Blumenstrauß nieder und hält ein paar Minuten inne. Dann geht sie zu dem Grab ihres Mannes. Sie kniet sich nieder. »Ach, Willy«, denkt sie. »Es ist einsam ohne dich.«

Sie fegt mit der Hand ein paar Blätter von der massiven Steinplatte und richtet den Blumenstrauß her. Sie bemerkt nicht, dass sich Sören Ranf nährt. Er kommt leise, schräg von der Seite angeschlichen. Als er direkt hinter ihr steht, schubst er sie heftig. Marlies S. fällt mit dem Kopf auf die granitsteinerne Grabeinfassung. Sie verliert kurz das Bewusstsein. Nur für ein paar Sekunden. Als sie wieder zu sich kommt, fasst sie sich an die Schläfe. Sie blutet. Noch bevor sie sich besinnen kann, spürt sie einen dumpfen Schmerz im Bauch. Sören tritt auf die Rentnerin ein. Tritt ihr erst in den Magen. Zweimal. Dann gegen den Kopf.

Marlies S. ist verzweifelt.

»Was willst du von mir?«, schreit sie fassungslos. »Was hab ich dir getan?«

Sie kann nicht begreifen, was gerade passiert.

Sören hält einen kurzen Moment inne. Er schaut der Frau direkt in die Augen.

»Sei still! Oder willst du sterben?«, fragt er sie. Dann setzt er an zu seinem finalen Tritt. Er tritt Marlies S. direkt ins Gesicht. Und da sich ihr Kopf nicht auf einem weichen Untergrund befindet, sondern sich ein massiver Stein hinter ihr befindet, bricht er ihr mit diesem Tritt den Kiefer. Marlies S. wird bewusstlos.

Und Sören Ranf hat seine Zukunft besiegelt.

Der Prozess

Vor mir saß kein einfacher Mensch. Vor mir saß eine entwurzelte
Existenz. Als Sören Ranf den Gerichtssaal betrat, da erschien ein
gebrochener Mann. Ein Kind im Körper eines 21-jährigen Mannes.
Aber das wollte er sich nicht anmerken lassen. Bloß keine Schwäche
zeigen. Bloß kein Versager sein. Vor Gericht gab Sören den toughen
Kerl. Er saß hinter dem Tisch, an dem die Angeklagten und ihre Verteidiger immer sitzen, und räumte die Straftaten mit einem Schulter-
zucken ein.
»Ja«, sagte er. »Ich habe das alles getan.«
Vor uns saß ein Mann, der mit sich selbst nicht im Reinen war, obwohl er genau das zu vermitteln versuchte. Das erkannte jeder, der
an diesem Mittwochmorgen an der Verhandlung teilnahm. Vor uns
saß ein junger Mann, der nach außen keine Schwäche zeigen wollte,
aber innerlich völlig zerbrochen war.

Wir hatten nicht bloß den Überfall auf dem Friedhof zu verhandeln.
In Sörens Strafakte hatte sich so einiges angesammelt. Schwerer
Raub, Körperverletzung, vorsätzliches Fahren ohne Fahrerlaubnis,
gemeinschaftliche räuberische Erpressung, gemeinschaftlich be-
gangene Körperverletzung, Diebstahl, Widerstand gegen Vollstreckungsbeamte in Tateinheit mit Beleidigung. Das sind alles juris-
tische Begriffe. Anklagepunkte. Aber hinter jedem dieser Termini
verbirgt sich eine Geschichte. Eine Geschichte tragischer als die andere. Denn die Taten, die er begangen hatte, waren heftige Taten.

Da wäre die Körperverletzung: Einmal, da hatten Sören und seine
Freunde sich betrunken. Und als sie betrunken waren, überlegten sie
sich, wie sie an Geld kommen könnten. Sie fuhren zu einem alten
Bekannten, mit der festen Absicht, ihn auszurauben. Der Alkohol
und die Drogen waren für Sören Ausweg und Antrieb zugleich. Wenn

er sich wieder einmal der eigenen Perspektivlosigkeit, der eigenen geschieterten Existenz bewusst wurde, griff er zu den Drogen, um die quälenden Gedanken zu verdrängen. Um sich zu betäuben. Und wenn er darüber nachdachte, wie er an neue Betäubungsmittel kommen könnte, dachte er an Verbrechen. Um die zu begehen, betrank er sich mit Alkohol. Er trank sich Mut an. Er soff sich die Hemmungen weg. So fuhren Sören und seine Freunde zu ihrem ehemaligen Kumpel Frank C., der ihnen angeblich Geld schuldete. Sie klingelten an seiner Tür, es war mitten in der Nacht, und als er öffnete, schob Sören einen Fuß in den Türspalt und Sörens Kumpel zog Frank auf die Straße. Sie schlugen auf ihn ein. Frank fiel zu Boden, schlug mit dem Kopf auf dem Bordstein auf. Sören und seine Freunde traten ungehemmt weiter auf ihn ein. Als er bewusstlos war, zogen sie ab. Das Geld hatten sie längst vergessen.

Da wäre der schwere Raub: Sören war im Stadtzentrum unterwegs. Er brauchte Geld. Er hatte nicht mehr genug in der Tasche, um sich sein Abendessen leisten zu können. Er hatte die letzten Tage alles für Drogen ausgegeben und jetzt, jetzt war er wieder in einer seiner sogenannten »Notsituationen«. Sich Geld zu pumpen – das konnte er vergessen. Er hatte zu hohe Schulden. Und er war zu tief unten, als dass ihm, ausgerechnet ihm noch jemand etwas gegeben hätte. Also musste er handeln. Schnell handeln. Er ging auf einen jungen Kerl zu. Jünger als er selbst. Klein, schmächtig, wehrlos. Sören sprach ihn an. »Hey«, sagte er.
Als der Junge zu ihm aufblickte, schlug Sören schon zu. Er prügelte einfach auf ihn ein. Immer und immer weiter. Dann zog er ein Messer und hielt es ihm an die Kehle. »Gib mir deine EC-Karte«, befahl er. Die beiden liefen zum nächsten Geldautomaten. Das Opfer spürte die Klinge an seiner Niere. Er hob alles ab, was er auf dem Konto hatte. Er gab es Sören. Sören schlug den Jungen bewusstlos und lief weg.

Sören Ranf war geständig. Er räumte alle seine Taten ein. Er tat das, ohne große Emotionen zu zeigen. Er zeigte keine Reue. Er entschuldigte nichts. Er sagte einfach nur: »Ja, ich habe das gemacht.« Meist allerdings kam noch ein Aber hinterhergeschoben. Aber ich war betrunken. Aber ich hatte vorher Drogen genommen. Aber ich war nicht im Vollbesitz meiner geistigen Kräfte. Sören schob die Verantwortung für seine Verbrechen weg. Er versuchte die Dinge zu beschönigen. War doch alles nicht so schlimm. Auch seine brutalste Tat, den Friedhofsraub von Crimmitschau, spielte er herunter. Obwohl er die Konsequenzen seines Handelns direkt vor sich sah. Noch zum Zeitpunkt der Hauptverhandlung, vier Monate nach der Tat, saß Marlies S. lädiert im Gerichtssaal. Sie konnte kaum sprechen. Sie musste noch immer Flüssignahrung zu sich nehmen. Sie konnte nicht kauen, weil ihr Kiefer noch immer gebrochen war und nur von Stahlplatten zusammengehalten wurde.

»Eigentlich«, sagte Sören Ranf, eigentlich wollte er »nur den Autoschlüssel haben«. Nachdem er sein Opfer bewusstlos getreten hatte, durchsuchte er Marlies S., nahm ihr den Schlüssel ab und fuhr mit ihrem Auto davon. Ich fragte Sören, was er vorgehabt habe. Was sein Plan gewesen sei.

»Ich wollte weg«, sagte er, und in diesen Worten steckte wahrscheinlich mehr Wahrheit, als er sich selbst bewusst war. »Ich wollte einfach nur weg.«

Doch Sören Ranf war nicht abgehauen. Die Polizei konnte rekonstruieren, dass er vom Friedhof zunächst zur Tankstelle fuhr und sich dort zwei Flaschen Bier kaufte. Dann fuhr er zu einer Jugendwerkstatt. Die Jugendwerkstatt war ein Ort, an dem junge Menschen, die sonst keine Ausbildung hatten, aufgenommen wurden. Dort gab es viele Ex-Häftlinge. Der gemeinnützige Verein bildete sie aus. Sören hatte einige Freunde dort. Er holte einen von ihnen ab, sagte zu ihm: »Ich hab ein Auto und Bier. Lass uns chillen.«

Zusammen fuhren sie durch das Stadtgebiet von Crimmitschau. Hingen ein bisschen ab. Dort wurde er dann auch im Rahmen der eingeleiteten Sofortfahndung gestellt und festgenommen.

Wir haben Sören Ranf zu einer Einheitsjugendstrafe von fünf Jahren verurteilt. Das Höchstmaß wären zehn Jahre gewesen. Diese Strafe war zu vollstrecken. Jede Strafe von mehr als zwei Jahren Freiheitsstrafe oder Jugendstrafe wird vollstreckt, eine sogenannte Strafaussetzung zur Bewährung ist ab zwei Jahren nicht mehr möglich. Obwohl Sören bei den Taten älter als 18 Jahre war, entschlossen wir uns für eine Jugendstrafe, weil Sören in seinem Entwicklungsstand eher einem Jugendlichen als einem Erwachsenen glich. Er hatte keine abgeschlossene Berufsausbildung. Sein Handeln und Verhalten verlief ohne nachvollziehbare Sinnhaftigkeit. Fünf Jahre. Es war eine der höchsten Jugendstrafen, die ich mit meinem Gericht verhängt habe.
Als Sören das Urteil hört, zuckt er kurz zusammen.

*

Sören Ranf tat mir persönlich sehr leid. Weil der Fall von Sören Ranf ein Fall war, der symptomatisch für so viele andere Fälle stand, die ich in meiner straf- und jugendrichterlichen Tätigkeit immer wieder vor mir hatte. Sören Ranf war eine gescheiterte Existenz. Ein Mensch, der aufgrund seiner Vergangenheit keine wirkliche Zukunft mehr hatte. Ein junger Mann, in dessen Leben es nur noch bergab ging. Ein junger Mann, dem man immer wieder Hilfsangebote machen konnte, dem man vorübergehend immer wieder auf die richtige Spur helfen konnte, ein junger Mann, der aber immer und immer wieder scheitern würde, weil diese Erlebnisse in der Kindheit, die fehlende Liebe, die Schläge durch den Stiefvater, die Entwurzelung, die ständigen Umzüge, der ständige Verlust von Klassenkameraden, weil all diese Ereignisse so prägend waren, dass er sie nicht überwinden konnte.

Der Fall Sören Ranf zeigte symptomatisch, wie wichtig es für ein Kind ist, in geordneten Bahnen aufzuwachsen. Wie sehr eine stabile Kindheit ein ganzes Leben stabilisiert. Wo findet man Halt? Wo findet man Liebe? Wo hat man in diesem Leben ein Ziel?

Sören Ranf war ein ganz armer, ein verlorener Mensch.

*

Es hat ein halbes Jahr gedauert, dann erreichte mich die Nachricht, dass sich Sören Ranf erhängt hatte. Ich vermute, er hat sich umgebracht, weil er keine Perspektive mehr sah. Weil er keine Hoffnung mehr hatte. Wer im Gefängnis sitzt, der ist auf sich selbst zurückgeworfen. Wer im Gefängnis sitzt, der ist gezwungen, über sich und sein Leben nachzudenken. Das hat Sören Ranf getan. Und er hat sich Fragen gestellt: Was kann ich noch erreichen? Wo soll mein Leben noch hingehen? Wer bin ich? Was kann ich? Wer liebt mich? Er fand in seiner vollkommenen Einsamkeit keine Antwort auf diese Fragen.

Noch heute belastet mich das.

Die Tat

Sören Ranf beging eine gefährliche Körperverletzung (§ 224 StGB). Der Jurist kennt unterschiedliche Formen der Körperverletzung. Die einfache vorsätzliche Körperverletzung (§ 223 StGB) stellt die absichtliche körperliche Misshandlung beziehungsweise die gesundheitliche Schädigung eines anderen Menschen unter Strafe. Eine Freiheitsstrafe von bis zu fünf Jahren oder eine Geldstrafe droht. Die gefährliche Körperverletzung unterscheidet sich davon zum Beispiel durch den Einsatz von Hilfsmitteln wie etwa Gift oder Waffen. Auch gilt es als gefährliche Körperverletzung, wenn eine Tat, wie in Sörens Fall, mit einem oder mehr Mittätern ausgeführt wurde oder mittels einer das Leben gefährdenden Behandlung, wie etwa Tritten auf den Kopf, begangen wurde. Hier droht eine Freiheitsstrafe von mindestens sechs Monaten bis zu zehn Jahren. Zudem gibt es auch noch die fahrlässige Körperverletzung (§ 229 StGB). Dieser Fall greift, wenn die Verletzung nicht absichtlich erfolgt, sondern aufgrund einer Fahrlässigkeit. Der häufigste Fall ist die Verletzung eines anderen im Straßenverkehr bei einem Unfall. Hier droht eine Freiheitsstrafe von bis zu drei Jahren.

KAPITEL 4

Die Rote Lola

Straftatbestände:
Gefährliche Körperverletzung
(§ 223, 224 StGB), Widerstand gegen
Vollstreckungsbeamte (§ 113 StGB)

Die Geschichte

Lola hat ihr Revier markiert. Sie atmet durch und wischt sich den Schweiß von der Stirn. Dann geht sie zu ihren Freunden, die ihr anerkennend zunicken.

»Geil, Lola«, sagt einer und reicht ihr ein Dosenbier. Lola öffnet es. Dann schmeißt sie die Spraydose neben ihren Rucksack und hockt sich vor die Parkbank, auf der ihre Freunde sitzen. Ihr alter Treffpunkt. Ein heruntergekommener Spielplatz mitten in der Innenstadt. Das Klettergerüst ist schon leicht verfallen, die Plastiksitze der Schaukel abmontiert. Der Platz ist aus Beton, und der Beton ist weitläufig mit Graffiti beschmiert. Es läuft laute Punkmusik. Slime.

»Deutschland muss sterben, damit wir leben können!«, schreit der Sänger ins Mikrofon. Beim Refrain lächelt Lola. Sie dreht sich um und besieht sich ihr neues Werk. Nichts Besonderes. Ein großes, umkreistes A. Das Zeichen für Anarchie. Sie hat es an eine Hauswand gegenüber dem Spielplatz gesprüht. Sie hat ihr Revier markiert.

Lola ext ihr Bier. Es gibt schließlich etwas zu feiern. Der Tag heute war erfolgreich. Sehr erfolgreich sogar. Die Clique war in Leipzig und hat dort einen NPD-Demonstrationszug gestört.
Große Aktion. Mehr Gegendemonstranten als Demonstranten.
»Wir waren mehr. Wir waren lauter«, sagt Kralle.
Kralle ist Lolas Freund.
»Und die Nazis«, bekräftigt sie, »die haben sich ordentlich eingeschissen.«
Die Gruppe lacht. Widerstand gegen die Nazis zu zeigen, das ist ihnen wichtig. Das ist für Lola wichtig. Dafür nimmt sie sich sogar von ihrer gerichtlich angeordneten Auflage frei. Das heißt: Dafür schwänzte sie die Ableistung der ihr gerichtlich angeordneten Arbeitsstunden.

Es ist kalt geworden. Der Vollmond steht über dem sternenklaren Nachthimmel. Ein alter Mann öffnet das Fenster. Er wohnt im Haus gegenüber.
»Mocht die scheiß Musik aus«, sächselt er.
»Halt's Maul, du Nazi!«, schreien die Punks zurück.
Der alte Mann winkt ab und schließt das Fenster wieder. »Asselige Köder«, schreit er vorher noch.
Die Punks lachen. Sie kennen das schon. Aber sie sitzen ja auch nicht hier, um sich mit den Nachbarn anzufreunden. Die Nachbarn sind ihnen ziemlich egal. Es geht um etwas Größeres. Um etwas Wichtigeres. Es geht um die Systemfrage. Um die Welt, in der sie leben wollen. Um die Welt, wie sie ist. In den Augen der Jugendlichen,

die hier auf dem heruntergekommenen Spielplatz sitzen, ist die Welt nämlich ein schlechter Ort. Und sie sind gekommen, um ihn besser zu machen.

*

Der Klassenkampf wird Lola nicht in die Wiege gelegt. Im Gegenteil. Lola wächst in einem eher konservativen Elternhaus auf. Der Vater ist Arzt, die Mutter Anwältin. Lola und ihre Brüder leben in einem großen Haus am Stadtrand. Wer die Familie kennt, spricht von einer Bilderbuchfamilie. Die Eltern sind viel beschäftigt, aber sie nehmen sich immer Zeit für ihren Nachwuchs. Das ist ihnen wichtig. Sie wollen, dass ihre Kinder sich geborgen fühlen. Besonders Lola. Lola ist ihr ganzer Stolz. Das Mädchen ist aufgeweckt. Intelligent und neugierig.
Schon im jungen Alter stellt Lola die Welt, die sie umgibt, infrage. Sie muss immer alles genau wissen. Warum sind die Dinge so, wie sie sind? Wie sind sie geworden, wie sie sind? Wie waren sie früher? Zudem hat Lola einen ausgeprägten Gerechtigkeitssinn. Wenn sich eine Fliege in ihr Zimmer verirrt, wird sie liebevoll mit einem Glas eingefangen und in die Freiheit entlassen. Wenn Lola unterwegs ist und auf den Boden schaut, achtet sie darauf, nicht versehentlich auf eine Ameise zu treten. Ihre Eltern lieben Lola sehr.

In der Schule hat Lola gute Noten. Erst als sie in die Pubertät kommt, beginnen die Probleme. Lola ringt um ihre Identität. Identität konstituiert sich durch Abgrenzung. Lola versucht in Erfahrung zu bringen, wer sie ist, indem sie definiert, was sie nicht sein will. Sie beginnt zu rebellieren. Aber das ist gar nicht so einfach. Ihr aufgeklärtes und behütetes Elternhaus bietet ihr kaum eine Möglichkeit dazu. Sie wächst in einer liberalen Umgebung auf, in der sie ohnehin viel darf. Ihre Eltern nehmen ihr immer wieder den Wind aus den Segeln. Sie unterstützen sie. Zeigen Verständnis. Setzen sich zu ihr, um mit ihr über ihre Ansichten zu sprechen. Das macht Lola nur noch wütender. Sie ist 14. Wie soll man sich abgrenzen, wenn die eigenen Eltern ihre Schritte und Entscheidungen mittragen? Und dann beginnt Lola sich mit ihrer Umwelt auseinanderzusetzen. Ihr ausgeprägter Gerechtigkeitssinn, den sie schon als Kind hatte, wird immer extremer.

Die Welt, sagt sie, ist kein guter Ort. Die Welt ist ein ungerechter Ort. Die Reichen werden reicher, die Armen bleiben arm. Lola beginnt, alles radikal zu hinterfragen. Unsere gesamte Ausbildung basiert doch nur darauf, Arbeitszombies zu schaffen, schimpft sie. Arbeitszombies. Menschen, die für ein Haus und eine Familie arbeiten. Dabei gibt es doch noch so viel mehr. Lola hadert mit dem System.

Und sie findet einen neuen Freundeskreis, der sie in ihrer Radikalität bestärkt. Lola fängt an zu rauchen und zu trinken. Sie will sich abgrenzen. Unbedingt. Erst durch ihr Verhalten. Dann durch ihr Äußeres. Mit 15 lässt Lola sich ein Nasenpiercing stechen. Sie distanziert sich auf allen ihr nur möglichen Ebenen von ihrem spießigen Elternhaus. Von dieser heilen Welt, die sie plötzlich verachtet. Lola trägt jetzt eher Lumpen als Klamotten. Neue Piercings kommen hinzu. Sie rasiert sich den halben Kopf und hat nur noch auf einer Seite Haare. Und die färbt sie sich rot. Lola wird zur Roten Lola. Sie ist jetzt Punkerin.

*

In dieser Zeit begeht sie erste Straftaten. Es sind nur kleinere Delikte. Sie reißt einen Kugelschreiber von der Sicherheitskette aus einer Sparkasse. Sie stört den öffentlichen Frieden durch besoffenes Herumgrölen. Sie beleidigt Menschen, die ihr nicht passen. Sie sucht immer neue Formen, um ihre Abneigung gegen das Bestehende auszudrücken.

Und dann kommt es zu einer ersten Begegnung mit der Polizei. Lola ist betrunken. Sie schreit herum, schreit sich den Frust von der Seele, den Frust über den Scheißstaat und die Scheißnazis und die Scheißbullen. Den Anwohnern reicht es. Sie rufen die 110. Doch im Gegensatz zu anderen Jugendlichen lässt sich Lola von den Beamten nicht einschüchtern. Im Gegenteil. Sie respektiert die Polizisten nicht. Diese Handlanger des Systems. Die Rote Lola lässt sich nichts sagen.

Sie fängt an, die Polizisten zu beschimpfen.

»Scheiß Bullenschweine«, schreit sie den Männern ins Gesicht. »Verpisst euch!«

Ihre Punkfreunde sind beeindruckt. Das Mädchen hat wirklich Mumm. Für Lola ist es legitim, die Polizisten zu beschimpfen. Die Polizisten sind Teil des Systems. Und das System ist verrottet. Lola sieht nicht mehr, dass da Menschen in ihren Uniformen stehen. Für Lola sind die Polizisten nur Werkzeuge des Staates. Sie haben ja selbst schuld, sagt sie sich. Wenn sie dem Bösen dienen, dann müssen sie damit rechnen, dass man sie bekämpft. Lola differenziert nicht mehr. Polizisten sind Bullenschweine. Und Bullenschweine sind Nazis. Und Nazis gilt es zu bekämpfen.

*

Lola ist jetzt 16. Es folgen die ersten Körperverletzungsdelikte. Die meisten begeht sie zusammen mit ihrem Freund Kralle. Er pöbelt Leute an. Und Lola schlägt zu, wenn sie glaubt, dass es richtig ist, zuzuschlagen. In Lolas Welt wird Gewalt immer mehr zu einem legitimen Ausdruck des Widerstands. Wenn die Menschen nicht hören wollen, dann müssen sie eben fühlen. Irgendwie muss man diese Blinden doch aufwecken. Lola schmeißt die Schule. Die Systemfrage wird für sie zur Vollzeitbeschäftigung. Trotzdem wohnt sie weiter bei ihren Eltern im Reihenhaus, in ihrem Kinderzimmer. Darüber redet sie nicht gern. Ihre Eltern versuchen es noch immer im Guten. Versuchen mit ihr zu reden. Wieder und wieder und wieder. Es ist doch nur eine Phase, reden sie sich ein. Aber Lola hört nicht. Sie will nicht hören. Sie koppelt sich vollkommen von ihren Eltern und dem gesellschaftlichen Leben ab. Sie begeht immer neue Straftaten. Sie trinkt immer mehr, und je mehr Lola trinkt, desto aggressiver wird sie. Desto mehr verliert sie die Hemmungen. Desto mehr beginnt sie, andere Menschen in die Mangel zu nehmen. Besonders dann, wenn sie mit ihren Freunden unterwegs ist.

Aber es trifft ja die Richtigen, redet sie sich ein. Wenn sie sagt, dass es die Richtigen trifft, dann meint sie, dass es richtig ist, wenn es die Rechten trifft. Die Nazis. Lolas Bild von den Nazis wird immer diffuser. Sie meint mittlerweile nicht mehr nur die offensichtlichen Neonazis, die durch die Stadt marschieren. Die Typen mit den kurz geschorenen Köpfen, den Thor-Steinar-Klamotten und Springerstiefeln. Sie meint jetzt auch die Menschen, die mit den Nazis sympathisieren. Die sie »in Schutz nehmen«. Als eine alte Schulfreundin zu Lola sagt, dass sie es nicht in Ordnung finde, Menschen zu verprügeln, nur weil sie eine andere Gesinnung haben, da ist die Schulfreundin in den Augen von Lola innerhalb von Sekunden zu einem Feind geworden. Zu einem Nazi. Lola verfällt immer mehr in das Schwarz-Weiß-Denken, das sie ursprünglich so kritisiert hat. Die Meinungsfreiheit, die sie für sich und ihre Freunde einfordert, gilt nun bloß noch für sie und ihre Freunde.

»Wir stehen auf der richtigen Seite der Geschichte«, sagt Lola.
Und sie glaubt daran.

Lola ist nun im Krieg. In der ganzen Stadt kommt es wieder und wieder zu Reibereien mit »den Nazis«. Mal sind es nur Beleidigungen. Mal folgen Schläge. Mal stecken die Nazis ein. Mal die Punks.

Auch Lola kassiert Prügel. Sie kommt mit Schrammen, mit Schürf-
wunden oder auch mal mit einem blauen Auge nach Hause. Ihre
Eltern sind aufrichtig besorgt. Was macht ihre Tochter da nur. Aber
Lola winkt ab. Sie hat keine Angst vor körperlicher Gewalt. Sie hat
keine Angst vor gar nichts. Nicht sie, die Rote Lola, wie ihre Freunde sie nennen. Die Rote Lola ist schon fast eine Ikone in der linken
Szene. Ein junges Mädchen, das jedem die Stirn bietet. Lola ist stolz
auf das, was sie geschaffen hat. Die Rote Lola ist größer, als Lola es
jemals war.

Und je mehr man sie bewundert für ihre Fruchtlosigkeit, desto mehr
schlägt sie über die Strenge. Sie gerät in einen Strudel. Einen Strudel
aus Rebellion, Abgrenzungsversuchen und aufrichtigem Kampf für
die gute Sache. Für das, was Lola für die gute Sache hält.

Aber Lola muss die Konsequenzen für das Handeln der Roten Lola
tragen. Immer wieder kommt es zu Anzeigen. Und daraufhin auch
zu Gerichtsprozessen. Nach jedem Prozess zieht das Gericht die
Daumenschrauben etwas enger an. Das Gericht versucht Lola zu
erziehen. Immerhin ist sie noch eine Jugendliche. Und Jugendliche
kann man nicht selten mit dem richtigen Impuls wieder auf die
rechte Spur bringen.

Lola bekommt Verwarnungen. Danach bekommt sie Auflagen. Entweder sie besucht wieder regelmäßig die Schule oder es gibt Strafen.
Auch mit den Eltern werden Gespräche geführt. »Wir wissen ja,
dass Lola Probleme macht«, sagt ihr Vater. »Aber sie ist doch noch
ein Kind. Es ist nur eine Phase. Sie will das Gute und merkt nicht,
dass sie etwas Schlechtes tut.«

Er hat recht. Lola ist in ihrem Glaubenssystem gefangen. Als Lola
nicht mehr regelmäßig in die Schule geht, sich nicht an die Auflagen
hält, verurteilt das Gericht sie zu Arbeitsstunden. Sie muss in sozialen Einrichtungen aushelfen.

Doch das fruchtet alles nicht. In Lolas Welt ist das Gericht nur das
vollstreckende Organ eines faschistischen Staates. Ja, mittlerweile

glaubt Lola wirklich, dass Deutschland ein faschistisches Land ist. Sie lässt sich von ihrem Weg nicht abbringen. An ihrer Rüstung aus moralischer Überlegenheit prallt alles ab. Es gibt jetzt nur noch Rebellion und Ablehnung gegen Staat, Obrigkeit und Konventionen.

Es kommt zu weiteren Prozessen. Wieder und wieder. Und es kommt schließlich dazu, dass das Gericht keine andere Möglichkeit mehr sieht, als Lola zu einer Jugendstrafe zu verurteilen. Es ist einiges zusammengekommen. Körperverletzung, Widerstand gegen Vollstreckungsbeamte, Diebstahl. Das übliche Programm an einem Tag im Leben der Roten Lola. Die Jugendstrafe wird auf sechs Monate bemessen. Sie wird zur Bewährung ausgesetzt. Das ist die Mindeststrafe. Also immer noch sehr milde. Aber der Richter ist deutlich.
»Wenn das jetzt nicht funktioniert, wirst du eingesperrt.«
Und er dringt endlich zu ihr durch. Es kommt zur Besserung. Lola ist eine Kämpferin, aber ins Gefängnis will sie nicht. Eingesperrt zu werden, das ist für sie ein Albtraum. Sie leistet ihre Arbeitsstunden ab. Die Auflagen werden wenigstens zum Großteil erfüllt. Bis dann eine neue Straftat folgt. Eine Sachbeschädigung. Vandalismus. Ein einziges »Nazis raus!«, das sie an eine Wand sprüht. Wenn sie mit ihren Freunden unterwegs ist, wenn sie ein paar Bier getrunken hat, dann ist sie eben die Rote Lola. Und die Rote Lola ist furchtlos. Eine Widerstandskämpferin. Sie muss diese Rolle ausfüllen.
Das Gericht reagiert genervt, aber noch immer besonnen und entscheidet, lediglich die vorhandene Jugendstrafe zu erhöhen, sie noch nicht ins Gefängnis zu schicken. Eine allerletzte Warnung. Der Richter wird laut. »Wenn noch einmal was passiert, gehst du in den Bau.«

Die Rote Lola hat alle Möglichkeiten in ihrem Leben. Die Liebe ihrer Familie. Eine gute Schule. Sogar das Gericht ist sehr zurückhaltend. Man reicht ihr die Hand. Ein ums andere Mal. Man gibt ihr immer wieder zu verstehen: Die Brücken hinter dir sind noch nicht abgebrannt. Hör auf. Kehr um. Du verrennst dich. Lola müsste einfach der linken Szene den Rücken kehren. Und wenn schon nicht ihren Punk-Freunden, dann zumindest der Gewalt. Die Rote Lola müsste einfach nur wieder Lola sein.

Aber Lola kehrt nicht um. Sie entscheidet sich, ihren Weg weiterzugehen. Sie hat doch eine Mission.

Und die politische Stimmung in der Stadt bekräftigt ihre Sicht. Um die Jahrtausendwende herum macht die NPD besonders in Ostdeutschland Boden gut. Die Rechtsextremen wählen eine neue Strategie: Sie wollen nicht mehr nur an den extremen Rändern punkten, sondern auch in der Mitte der Gesellschaft Stimmen sammeln. Sie richten Bürgerfeste aus. Repräsentanten der Partei lassen sich in Elternversammlungen wählen. Man zeigt demonstrative Präsenz, richtet zu diesem Zweck immer wieder große Demonstrationen aus. Das können Lola und ihre Freunde sich aber nicht bieten lassen. Sie müssen ihr Revier markieren. Koste es, was es wolle.

*

In diesem Hochsommer soll es eine Großdemonstration der rechten Szene in Zwickau geben. Es werden mehrere Hundert Sympathisanten und NPD-Mitglieder erwartet. In einem internen Vermerk der Polizei heißt es, das Who's who der rechten Szene werde aufmarschieren. Das ist natürlich auch eine Einladung für die linke Szene. Über Wochen plant man die Gegendemonstration. Und ganz vorn dabei: die Rote Lola.

»Wir müssen ein Zeichen setzen«, sagt sie bei einem Treffen mit den anderen Punks auf dem Kinderspielplatz. »Keinen Meter den Rechten.«

Die anderen Punks nicken.

Dann besprechen sie, wie sie sich aufstellen werden, und trinken noch ein paar Bier.

An einem Samstag im August ist es so weit. Die halbe Stadt ist abgesperrt. Es sind mehr Polizeikräfte im Einsatz, als Lola es erwartet hätte. Es sind auch mehr Polizeikräfte im Einsatz, als Nazis aufmarschieren werden. Für Lola ist das nur ein erneuter Beweis, dass der Staat die Falschen schützt. Warum denn sonst stellen sich die Polizisten vor die Rechtsradikalen? »Dumme Bullenschweine«, schimpft sie. »Schützen die Nazis auch noch.«

Die Polizei rechnet natürlich damit, dass sich der sogenannte Schwarze Block, also der gewaltbereite Teil der linksautonomen Szene, diese Demo nicht entgehen lassen wird. Entsprechend viele Einsatzkräfte sind nach Zwickau beordert worden. Die Polizeipräsenz zeigt Wirkung. Die Rechten können ihre Demonstration abhalten. Sie laufen vorschriftsgemäß die ihnen zugeteilte Route in der Zwickauer Innenstadt ab. Das Ganze wirkt friedlich, eher wie ein Sonntagsspaziergang.

Für die Rote Lola und ihre Freunde ist das die reine Heuchelei.

Sie campieren zwischen den anderen Gegendemonstranten, ungefähr drei- bis vierhundert Meter vom Startpunkt des Nazi-Aufmarschs entfernt. Von deren Route abgetrennt werden sie durch die Beamten der Bereitschaftspolizei, welche beide Parteien im Blick zu halten versuchen.

Die Polizei filmt mit. Derartige Anlässe werden auf VHS-Bändern aufgezeichnet. Das hat in erster Linie einen Abschreckungseffekt. Man will den Demonstranten und Gegendemonstranten signalisieren, dass alles gesehen wird. Zudem haben die Aufnahmen praktischen Nutzen, sobald es zu einem Handgemenge in der Menschenmasse kommt. Das ist immer eine extrem unübersichtliche Situation, in der schnell die Falschen beschuldigt werden. Zudem sind die Zeugenaussagen üblicherweise höchst unzuverlässig. Es gibt selten zwei Demonstrationsteilnehmer, die sich an eine Eskalation gleich erinnern. Kurz: Die Polizei sichert sich ab.

Lola steht in der ersten Reihe. Direkt hinter einer Zaunabsperrung. Vor ihr: eine Phalanx von hochgerüsteten Polizisten in Schutzwesten. Sie alle tragen Helme mit heruntergeklapptem Sichtschutz und Schlagstöcke. Keine Chance, an denen vorbeizukommen. Die Punks bauen sich hinter Lola auf. Die ersten Rechten kommen. Sie tragen ein großes, schwarzes Transparent mit einer weißen Aufschrift. »Deutschland den Deutschen«, steht da in Fraktur geschrieben. Lola ärgert sich. Sie wird wütend. »Scheiß Nazischweine«, schreit sie den Demonstranten entgegen. Aber die Demonstranten nehmen sie nicht wahr. Sie bleiben friedlich. Lassen sich nicht provozieren. Sie marschieren einfach weiter. Unter den wachsamen Augen der Polizei. Es sind wirklich viele Leute gekommen. Alte Männer, junge Männer, Männer in Anzügen, Männer in Nazi-Klamotten, junge Frauen, Frauen im mittleren Alter und alte Frauen. Eine Frau schiebt sogar einen Kinderwagen mit ihrem sechs Monate alten Baby vor sich her. »Was für eine Schande!«, schreit Lola. Sie wird immer wütender. Immer erregter. Sie schaut sich um, schaut auf den Boden. Dann bückt sie sich und hebt einen Stein auf. Einen Pflasterstein. Er ist so groß, dass er genau in ihre Faust passt. Die Rote Lola holt aus und schmeißt den Stein in die Menge. Wenige Sekunden später hört man einen lauten Schrei. Sie hat einen Demonstranten getroffen. Einen Mann, Mitte 50, der direkt neben der Frau mit dem Kinderwagen marschiert. Der Mann weiß gar nicht, was gerade passiert. Er spürt nur einen plötzlichen dumpfen Schlag. Dann wird ihm schwindlig.

Es bricht Panik aus. Die Demonstranten schreien um Hilfe. Etwas ist geschehen. Die Polizei reagiert sofort. Mehrere Sanitäter kommen angerannt. Ein Polizist hat die gesamte Szene verfolgt. Er greift nach dem Arm der Roten Lola. Seine Kollegen kommen ihm zu Hilfe. Man versucht sie festzuhalten, will sich ihrer bemächtigen. Aber sie leistet Widerstand. Wie immer. Und wie immer ist sie nicht allein. Ihr Freund Kralle greift ein, beginnt eine Rangelei mit den Beamten, versucht Lola zu befreien. Ein kleiner Tumult bricht aus. Immer mehr Punks kommen dazu. Immer mehr Polizisten stürmen auf den kleinen Pulk. Schließlich wird Lola festgenommen. Vier Beamte nehmen die 17-Jährige in die Mangel, lösen sie von ihren Freunden und zerren sie schließlich zu einer Gruppe parkender Einsatzwagen. Lola leistet zunächst Widerstand. Schreit. Lässt sich fallen. Macht sich schwer. Als sie merkt, dass sie gegen die hochgerüsteten Einheiten keine Chance hat, gibt sie sich handzahm.

Man nimmt ihre Personalien auf. Vor dem Hintergrund des Polizeibusses wird sie fotografiert. Mit ihrem roten Irokesenschnitt und einem höhnischen, verächtlichen Lächeln. Mit aller Verachtung, die sie der Polizei, den Demonstranten und der ganzen Gesellschaft entgegenbringt. Man kann sie niederschlagen und einsperren, aber ihr Glaube, dass sie das Richtige tut, ist unerschütterlich. Es sind doch alles nur Nazis.

Der Prozess

Lola stand wegen Widerstand gegen Vollstreckungsbeamte und gefährlicher Körperverletzung vor Gericht. Der Unterschied zur einfachen Körperverletzung: Die Tat ist so brutal, dass eine sogenannte »gesteigerte Gefahr« für das Opfer besteht. Das war der Fall. Lola hatte einen Stein geworfen. Und hätte dieser Stein das Opfer nur ein paar Zentimeter weiter an der Schläfe getroffen, dann hätte der Mann tot sein können. Im Gehirn hätte durch den plötzlichen Druck ein Gefäß platzen können, eine Gehirnblutung wäre die Folge gewesen. Die Rote Lola hätte wegen Mordes vor Gericht stehen können.

Der Mann war sofort medizinisch versorgt worden. Er hatte Glück gehabt. Und die Rote Lola auch. Denn sie wurde »nur« wegen gefährlicher Körperverletzung angeklagt – allerdings eine Straftat, bei der vom Gesetzgeber schon damals nur Freiheitsstrafe vorgesehen war, gerade weil die Schwelle zum Mord oder zum Totschlag gering ist. Bis zu fünf Jahren Jugendstrafe gegen die Heranwachsende Lola waren konkret möglich.

Der Gerichtssaal wurde zur Schaubühne. Die kompletten Besucherreihen waren gefüllt. Das war selten. Es kamen zahlreiche Linke, um Lola zu unterstützen. Und es kamen zahlreiche Rechte, die dem Opfer so eine Art Beistand leisten wollten. Die Polizeipräsenz im Saal war hoch. Sehr viel höher als üblich. Der Fall war ein Politikum. Und dennoch war es ein nahezu harmonisches Bild, das sich mir bot, als ich an meinem Richtertisch Platz nahm. Wann sah man schon jemals Links- und Rechtsextreme in einem kleinen Raum so dicht nebeneinandersitzen, ohne dass es zu Ausschreitungen oder Beleidigungen kam? Natürlich spürte man die Verachtung der Punks für die Rechten und umgekehrt. Aber wahrscheinlich verachteten sie den Staat, den das Gericht repräsentierte, und die Polizisten, die im Saal standen, noch mehr. Und das einte sie irgendwie.

Zwischen den Linken und den Rechten waren einige Plätze frei geblieben. Wie eine gewollte Grenze. Von beiden Seiten respektiert.

Es war ein interessantes Bild. Auf der einen Seite junge Menschen mit zerrissenen Klamotten, Sicherheitsnadeln in der Wange und bunten Haaren. Auf der anderen Seite Glatzköpfe mit Springerstiefeln. Und ganz hinten, in der letzten Reihe, in der hintersten Ecke saßen zwei Personen, die den Prozess ganz besonders aufmerksam beobachteten. In meiner Erinnerung hatten die beiden eine ganz frappierende Ähnlichkeit mit Uwe Mundlos und Uwe Böhnhardt, den beiden Tätern hinter den NSU-Morden. Beide waren zu diesem Zeitpunkt zweifellos Teil der lokalen rechtsradikalen Szene. Ob es tatsächlich die beiden waren, die dort saßen, ist heute unmöglich nachzuvollziehen. Aber ich bin mir nahezu sicher.

*

Durch die vielen Straftaten, die Lola bereits begangen hatte, und infolge der vielen Angebote, die sie mit Füßen getreten hatte, war nun klar: Sie hatte ihre letzte Chance vertan. Für sie ging es ans Eingemachte. Vor Gericht erklärte sich Lola. Sie erklärte, dass sie doch im Recht gewesen sei – es sei ihr Recht gewesen, zu protestieren. Und nicht bloß das: Es sei auch die Pflicht unserer Zivilgesellschaft, gegen Rechts aufzustehen. Sich gegen Rassenwahn, Diskriminierung und völkisches Denken zu wehren. Sie habe nichts Falsches getan, schloss sie ab. Sie habe bloß von ihrem Recht auf freie Meinungsäußerung Gebrauch gemacht. Einen Stein geworfen habe sie jedoch nie.

Aber Lola hatte nicht bloß protestiert. Sie hatte eine schwerere Straftat begangen, bei der ein Mensch hätte sterben können. Das Wort »Steinigung« kommt schon in der Bibel vor und bezeichnet eine in archaischen Ländern immer noch praktizierte Strafe. Steinigung bis zum Tod. Einen Stein zu schmeißen bedeutet, dass man den Tod eines Menschen in Kauf nimmt.

Doch davon wollte die Rote Lola nichts wissen. Sie habe keinen Stein geworfen, sagte sie. Sie habe nur demonstriert. Sie leugnete die Tat.

Allerdings sprachen die Videoaufnahmen der Polizei eine andere Sprache. Lola wurde nicht bloß durch Zeugenaussagen, sondern auch durch das Videoband, das gezeigt wurde, überführt. Es war für das Gericht eindeutig zu erkennen, dass es der Steinwurf war, der den Mann verletzte, und dass Lola es gewesen war, die den Stein warf.

Es half nichts. Wir drei Richter verurteilten sie zu einem Jahr und drei Monaten Jugendstrafe, zu verbüßen in einer Jugendstrafanstalt. Und ich nutzte das Urteil, um den Anwesenden Links- und Rechtsextremen einen kleinen Vortrag zu halten. Mir war das in diesem Moment wichtig. Ich sagte ihnen, dass das Urteil, das an diesem Tag gesprochen wurde, nichts mit Ideologie zu tun habe. Es hatte eine rechte Demonstration gegeben. Diese Demonstration war genehmigt gewesen. Wer in der Bundesrepublik Deutschland an einer genehmigten Demonstration teilnimmt, der darf nicht verletzt werden. Auch wenn er einer Partei angehört, die eigentlich gegen die BRD ist – solange diese Partei nicht verboten ist.

Und das nennt sich dann tatsächlich Meinungsfreiheit. Man hat in Deutschland das Recht, zu demonstrieren. Die Angeklagte, auch wenn sie eine andere politische Auffassung hatte, war nicht berechtigt, hier eine gefährliche Körperverletzung vorzunehmen. Das durfte sie nicht. Sie konnte Plakate hochhalten, sie konnte schreien, laut pfeifen, trillern. Sie konnte diesen Aufmarsch, diese Kundgebung der rechten Partei stören. Das war ihr Recht. Aber sie durfte keine Körperverletzung begehen.

Darüber, was das Recht auf freie Meinungsäußerung beinhaltet, bestehen viele falsche Vorstellungen. Eine Meinung hat nicht das Recht, gehört zu werden. Sie hat auch nicht das Recht auf dieselbe Wertigkeit wie andere Meinungen. So sind einige Meinungen doch wesentlich fundierter als andere. Schnelle Urteile, Vorurteile, dürfen zwar in einer Demokratie geäußert, sie müssen aber nicht berücksichtigt werden.

Der nächste Irrtum besteht darin, dass jede Form von Ausdruck rechtmäßig wäre. Der erste Absatz des Artikels 5 im Grundgesetz stellt klar, dass jeder das Recht hat, »seine Meinung in Wort, Schrift und Bild frei zu äußern und zu verbreiten«. Das Gewaltmonopol liegt aber beim Staat. Wer mit Gewalt seine eigene Meinung zur

Einschränkung der Haltung eines anderen einsetzt, kann sich nur schwer auf seine Meinungsfreiheit berufen.

Das alles habe ich in dem großen, gut gefüllten Sitzungssaal gesagt. Und beide Parteien dabei angeschaut. Die Linken und die Rechten. Die Justiz ist weder auf dem rechten noch auf dem linken Auge blind.

*

Der Anwalt von Lola legte Berufung gegen mein Urteil ein. Er machte ihr das Ausmaß ihrer Straftat und des Urteils deutlich. Die dazugehörige Verhandlung fand fünf Monate später statt. Und in diesen fünf Monaten hatte sich vieles geändert. Das harte Urteil hatte Lola zum Nachdenken angeregt. Denn so konsequent sich die Rote Lola nach außen hin geben mochte, unter der harten Schale verbarg sich noch immer ein junges Mädchen, das eigentlich das Richtige tun wollte.

Was war Recht, was war Unrecht? Lola stellte sich plötzlich diese Fragen. Vielleicht war der Fall doch nicht so einfach, wie sie ihn bei der ersten Verhandlung dargestellt hatte, vielleicht gab es zwischen Schwarz und Weiß noch Graustufen, die einen Unterschied ausmachten. Einen Unterschied, der im schlimmsten Fall über Leben und Tod entschied. Was wäre, wenn sie diesen Menschen wirklich umgebracht hätte? Sie hatte darüber nachgedacht. Wenn der Stein die Schläfe des Mannes getroffen hätte? Lola hatte darüber nachgedacht. Und sie hatte sich verändert.

Als das Berufungsverfahren begann, konnte man kaum glauben, dass das Mädchen, dass da auf der Anklagebank saß, dasselbe Mädchen war, das sich vor einigen Monaten noch die »Rote Lola« nannte. Lola hatte sich radikal verändert. Ihre abrasierten Haare waren nachgewachsen. Das Rot war mittlerweile verblichen. Lola hatte eine Stelle als Azubi in einer anderen Stadt angetreten, sie machte eine Ausbildung zur Altenpflegerin. Sie hatte sich von der gewalttätigen autonomen Szene losgesagt. Sie erschien ordentlich vor dem Berufungsgericht, »bürgerlich« gekleidet. Sie konnte eine erste Einschätzung ihrer Leistungsfähigkeit vonseiten ihres Ausbildungsbetriebs vorlegen, und es war ein gutes Zeugnis. Zudem räumte sie in der Berufungsverhandlung ihre Tat ein. Und sie entschuldigte sich bei ihrem Opfer.

Das Gericht kam zu dem Schluss, die Jugendstrafe doch noch einmal zur Bewährung auszusetzen. Das war die absolut richtige Entscheidung. Lola hatte das Ruder herumgerissen. Und das, muss ich sagen, war auch ihrem Verteidiger zuzuschreiben. Er hatte viele und lange Gespräche mit seiner Mandantin geführt. Und er hatte sie dazu gebracht, die Tat als solche anzunehmen, zu sehen, dass falsch war, was sie getan hatte. Die Entscheidung hatte sie selbst getroffen, aber ihr Verteidiger hat sie wesentlich dabei unterstützt.

Die Rote Lola ist heute eine berufstätige Mutter. Sie hat geheiratet. Sie hat eine Tochter bekommen und arbeitet als Altenpflegerin. So verändert sie nun tatsächlich die Welt. Sie macht sie ein kleines Stück besser.

Die Tat

Lola begeht Widerstand gegen Vollstreckungsbeamte (§ 113 StGB), eine Straftat, die mit einer maximalen Haftstrafe von bis zu drei Jahren geahndet wird. Die Polizei repräsentiert den Staat. Und den Anweisungen des Staates gilt es Folge zu leisten. Ausnahmslos. Ein Widerstand gegen Vollstreckungsbeamte liegt vor, wenn man sich beispielsweise gegen eine berechtigte Festnahme wehrt oder auch einfach eine Personalkontrolle behindert oder ablehnt. Straffrei bleibt man nur in Ausnahmesituationen. Wenn man etwa die Situation verkennt. Ein Beispiel: Man sieht einen Autounfall und meint das brennende Wrack seines Lebenspartners zu erkennen. Die Polizei hat den Unfallort abgesperrt. Der Ort muss gesichert werden, Schaulustige am Tatort könnten die Rettungsmaßnahmen schwer behindern. Jetzt möchte man aber unbedingt zu diesem brennenden Auto, weil man glaubt, dass der Unfall einen persönlich betrifft. Hält die Polizei einen nun zurück und man umgeht sie mit Gewalt, dann ist das zwar ein Widerstand gegen Vollstreckungsbeamte. Dieser Widerstand muss aber nicht unbedingt strafrechtlich geahndet werden.

Anders sieht es aus, wenn man vorsätzlich einen Beamten bei seiner Diensthandlung tätlich angreift, also mit einem Stein bewirft oder mit einem Stock auf ihn einschlägt. Dann ist sogar eine Mindestfreiheitsstrafe von drei Monaten bis zu fünf Jahren als Strafe möglich, § 114 StGB.

Darf man sich gegen eine Polizeikontrolle wehren, wenn man das Gefühl hat, sie ist unberechtigt? Nein.

Sehr häufig wurde in den Medien in der letzten Zeit über sogenanntes »Racial Profiling« debattiert. Darf die Polizei bei Menschen mit einem bestimmten Phänotyp Kontrollen durchführen, oder ist das rassistisch und verstößt gegen die Menschenwürde? Müsste man dann etwa immer gleichzeitig eine weißhäutige blonde Person kontrollieren, um die Kontrolle rechtskonform durchführen zu dürfen? Allein die Debatte zeigt die Weltfremdheit mancher Kommentatoren. So liegt der Drogenhandel in bestimmten Städten fest in den Händen arabischer Clans. Würde eine Kontrolle nun nicht möglich sein, nur weil diese Menschen südländisch aussehen, könnte man die Polizeiarbeit auch gleich einstellen.

KAPITEL 5

Die zerstörte Kindheit

Straftatbestand:
Sexueller Missbrauch von Kindern
(§ 176 StGB, alte Fassung)

Die Geschichte

In dem Sommer, als sie achtzehn Jahre alt wird, beschließt Marie F.,
ihr Leben in die Hände zu nehmen. Sie ist jetzt erwachsen und hat
gerade eine Ausbildung als Altenpflegerin begonnen. Vor ein paar
Monaten ist sie aus ihrem Elternhaus ausgezogen. In ihre erste eigene Wohnung. Die Dinge laufen gut für Marie. Sie hat das Gefühl,
im Frühling ihres Lebens zu stehen. Ihr Vater ist nicht begeistert
gewesen, dass sie auszieht, aber sie hat sich von ihrem Plan nicht
abbringen lassen. Sie kann ja nicht für immer zu Hause wohnen. Es
ist an der Zeit, dass sie ihr eigenes Leben lebt. Und für Marie F. fühlt
sich dieses eigene Leben verdammt gut an.

Kurz vor ihrem Umzug hat sie ihren ersten Freund kennengelernt. Ihren ersten richtigen Freund, Kevin. Marie F. ist zuvor schon einmal mit einem Jungen zusammen gewesen, da war sie 15, aber es hielt nicht lange. Marie F. ist ein hübsches Mädchen, sie hatte immer viele Verehrer, sie hat sich nur nie überwinden können, eine richtige Beziehung einzugehen. Sie konnte es nicht. Kevin weiß das. Kevin ist verständnisvoll. Er hört gut zu. Marie braucht etwas mehr Zeit für die Dinge, die bei anderen jungen Menschen schneller gehen. Sie braucht mehr Zeit, sich zu öffnen. Mehr Zeit, um Vertrauen zu fassen. Kevin hat sich darüber keine großen Gedanken gemacht. Er liebt Marie, wie sie ist.

Die Beziehung der beiden wird ernster. Und irgendwann beschließt Marie, dass sie mit Kevin schlafen möchte. Aber vorher, sagt sie ihm, vorher müsse sie ihm etwas erzählen. Etwas Wichtiges. Marie setzt sich mit ihrem Freund auf ihr Bett.
»Ich bin keine Jungfrau mehr«, sagt sie zu Kevin.
Er wird ungehalten. »Warum erzählst du mir das?«, fragt er.
»Weil du der Erste bist, dem ich das erzählen muss. Weil …«, sie macht eine kurze Pause und nimmt seine Hand. »Weil mich nicht irgendwer entjungfert hat. Es war …« Sie schaut zu Boden.
Kevin merkt, dass es ihr schwerfällt weiterzusprechen.
»Es war mein Vater.«
Marie fühlt sich, als wäre ihr eine Last von den Schultern genommen. Zum ersten Mal hat sie es ausgesprochen. Ausgesprochen, was sie seit Jahren beschäftigt. Was sie noch nie jemandem anvertraut hat.
Und dann fängt sie an, ihrem Freund alles zu erzählen. Sie erzählt ihm, dass sie sechs Jahre alt war, als sie ihr erstes Mal erlebte.
Sie erzählt, dass sie in der Badewanne saß, als ihr Vater reinkam. Er schloss die Tür hinter sich. Drehte den Schlüssel um. Dann zog er sich aus und setzte sich zu ihr in die Wanne. Sie erinnert sich noch

genau daran. An jedes Detail dieses Tages. Er nahm sie auf seinen Schoß und drang in sie ein. Sie erinnert sich. Sie erinnert sich an die Schmerzen. Die unfassbaren Schmerzen. Sie erinnert sich auch, dass sie schreien wollte, aber nicht konnte. Weil er ihr die Hand auf den Mund presste. Sie wimmerte nur. Irgendwann ließ ihr Vater von ihr ab, stieg aus der Badewanne, zog sich wieder an und sagte ihr, dass sie das niemandem erzählen dürfte. Dann ließ er sie allein im Badezimmer zurück. Sie war sechs Jahre alt.

Kevin nimmt die Hand seiner Freundin. Was für eine Geschichte, denkt er und ringt mit sich, die richtigen Worte zu finden.

»Und dann …«, sagt Marie. »Und dann fing es richtig an.«

»Es fing richtig an?«

»Es fing richtig an.«

Marie erzählt weiter. Sie erzählt, dass ihr Vater sie von diesem Tag an regelmäßig missbrauchte. Immer wenn sie in der Badewanne war, kam der Vater hinzu. Immer wieder lief es nach demselben Schema ab. Immer wieder schloss er die Tür ab, zog sich aus und setzte sich zu dem Kind. Dann vollzog er den Geschlechtsverkehr.

Irgendwann passierte es nicht mehr nur in der Badewanne. Irgendwann kam Maries Vater abends zu ihr ins Bett. Er zog sich aus. Er zog sie aus. Dann legte er sich auf sie drauf. Immer hielt er ihr den Mund zu. Damit sie nicht schreien konnte.

Das passierte von nun an fast jeden Tag. Über Jahre hinweg. Der Missbrauch wurde für Marie zum Normalzustand. Sie kannte es nicht mehr anders. Und sie kann die ganzen Fälle kaum noch aufzählen. Nur die besonders einschneidenden Erlebnisse beschäftigen sie noch immer.

So wie ihr zehnter Geburtstag. Ihre Eltern hatten ihr eine große Feier organisiert. Es sollte etwas Besonderes werden. Und es war auch etwas Besonderes. Alle ihre Freundinnen waren eingeladen. Die halbe

Schulklasse war da. Im Garten waren Tische und Stühle aufgebaut, und auf dem größten dieser Tische stand ein großer rosafarbener Geburtstagskuchen. Ein Benjamin-Blümchen-Geburtstagskuchen. Es gab viele Geschenke. Und es gab Luftballons. Die Eltern von ihren Freundinnen waren auch dabei. Sie hatten Spiele vorbereitet: Topfschlagen, Blinde Kuh. Der Tag war schön. Der Tag war so schön, dass Marie zu ihrem Vater ging und vor ihren Freundinnen zu ihm sagte: »Papa, ich glaube das ist der schönste Tag meines Lebens.« Sie gab ihm einen Kuss auf die Wange.

Dann spielte sie mit den anderen Kindern weiter. Gegen 18 Uhr war die Party zu Ende. Die Eltern holten ihre Söhne und Töchter ab und fuhren sie nach Hause. Maries Mutter fing an, das Besteck aus dem Garten zu räumen. Marie war in ihrem Zimmer und legte die Geschenke, die sie bekommen hatte, in ihr Regal. Es waren schöne Geschenke. Besonders eine Puppe gefiel ihr gut. Die hatte sie sich schon lange gewünscht. Während sie alles einräumte, hörte sie, wie ihr Vater das Zimmer betrat. Hoffentlich, dachte sie nur, hoffentlich macht er jetzt nicht alles kaputt. Sie drehte sich nicht um. Sie tat so, als würde sie ihn gar nicht wahrnehmen. Einfach ignorieren. Einfach ignorieren. Einfach ignorieren. Dann hörte sie, wie er seine Hose öffnete. Und sie wusste, was passieren würde. Warum heute, fragte sich Marie, während er sie am Arm nahm und auf das Bett zog. Warum auch heute?

Sie erinnert sich, dass ihr Vater in ihr Zimmer kam, als sie zum ersten Mal ihre Periode hatte. Er wollte sie wieder missbrauchen. Sie sagte ihm, dass es nicht gehe. Nicht heute. Dass sie ihre Tage habe. So weit war Marie inzwischen, dass sie schon mit ihrem Peiniger den Termin des Missbrauchs verhandelte. Heute ist schlecht, aber nächste Woche geht es wieder. Ihr Vater schüttelte den Kopf. Er wollte haben, wofür er in ihr Zimmer gekommen war. »Nein!«, sagte Marie stur. »Es geht heute nicht.« Es war ihr damals wirklich wichtig. Sie wollte nicht. Nicht in diesem Zustand. Ihr Vater baute sich vor ihr auf. Dann gab er ihr eine Ohrfeige. Das hatte er noch nie gemacht. Aber Marie hatte ihm auch noch nie widersprochen. Sie würde es nicht wieder tun. Er schleifte sie auf ihr Bett, riss ihr dieses Mal besonders brutal die Kleidung vom Leib und verging sich an ihr. Sie blieb noch stundenlang weinend in ihrem Bett zurück. Das war für sie eine besonders traumatische Erfahrung, die aus vielen anderen traumatischen Erfahrungen hervorstach.

*

Marie hatte sich an die Torturen gewöhnt. Und sie hatte keine Hoffnung, dass sie eines Tages enden würden. Dass es irgendwann besser würde. Dass ihr jemand helfen könnte. Das war einmal anders gewesen, in den ersten Monaten, da hatte sie noch Hoffnung. Hoffnung, dass ihre Mutter dafür sorgen würde, dass Papa aufhört.
Diese Hoffnung stellte sich bald als Illusion heraus. Ihr Vater wurde immer aggressiver. Immer skrupelloser. Manchmal schlief Marie bei ihren Eltern im Bett. Irgendwann, mitten in der Nacht, legte sich ihr Vater dann zwischen seine Ehefrau und das Kind. Er schob Marie zur Seite. An den Rand des Bettes. Und verging sich an ihr. Maries Mutter lag daneben. Und schlief weiter. Oder zumindest tat sie so, als würde sie schlafen.

Kevin kann kaum fassen, was seine Freundin ihm da erzählt. Es sprudelt nur so aus ihr heraus. Immer mehr Geschichten fallen ihr ein.
Einmal, sagt sie, da war der Schulausflug. Sie freute sich seit Wochen auf diesen Tag. Sie machten mit der Klasse eine Radtour durch die sächsische Schweiz. Sie stand morgens mit bester Laune auf. Sie ging unter die Dusche, frühstückte und zog sich an. Doch bevor sie losfuhr, kam ihr Vater in ihr Zimmer. Er schloss die Tür ab und zog

sie auf ihr Bett. Es dauerte sieben Minuten. Das hat sie sich gemerkt. Weil sie die ganze Zeit auf den Wecker starrte. Sie hatte Angst, dass sie den Ausflug verpassen würde.

Als sie abends nach Hause kam, vergewaltigte er sie ein zweites Mal an diesem Tag. Dabei strich er ihr über den Kopf. Strich ihr durch die langen, blonden Haare.

»Du weißt, dass das alles ganz normal ist?«, fragte er sie. »Das machen Väter, wenn sie ihre Töchter sehr lieb haben.«

Marie nickte.

Als sie mit ihren Erzählungen durch ist, ist die Sonne untergegangen. Marie hat über Stunden erzählt. Sie hat sich alles von der Seele gesprochen. Alles, was sie seit Jahren belastet.

Als sie durch ist, ist sie vollkommen erschöpft.

»Und was machen wir jetzt?«, fragt sie Kevin und lehnt sich an ihn. Ihr Freund sucht nach Worten. Er kann nicht fassen, was sie ihm gerade erzählt hat. Er atmet tief durch.

»Jetzt«, sagt er, »... sollten wir zur Polizei gehen.«

Der Prozess

Der Fall von Marie F. war ein Fall, der uns Einblick hinter die Fassade einer vermeintlich heilen und normalen Familie gewährte. Fälle wie der von Marie F. waren Fälle, die mich besonders mitnahmen. Weil es so viele von ihnen gab. Der überwiegende Großteil von sexuellem Missbrauch findet in der eigenen Familie statt. Oder im Freundes- und Bekanntenkreis. Viele Menschen haben noch immer das Bild vor Augen, dass sexuelle Übergriffe von fremden Männern bei Nacht auf der Straße verübt werden. Das sind jedoch eher die Ausnahmen. Die Regel ist eine andere.

Marie F. erschien mit ihrem Freund vor Gericht. Sie wirkte auf uns außerordentlich gefasst. Ein junge Frau, die mitten im Leben stand. Sie setzte sich auf den Stuhl für die Zeugen in die Mitte des Saales, hinter einem kleinen Tischchen, und machte ihre Aussage, wie eine Buchhalterin, die Zahlen vorliest. Keine Betonungen. Kaum Schwingungen in der Stimme. Emotionslos. Sie erzählte von dem jahrelangen Missbrauch, als würde sie von gewöhnlichen Dingen erzählen. Vielleicht, weil der Missbrauch für sie zu etwas Gewöhnlichem geworden war.

Nur selten geriet sie außer Fassung. Immer dann, wenn sie von besonders einschneidenden Geschehnissen erzählte. Was sie besonders aus der Fassung brachte, war der Missbrauch, als sie das erste Mal ihre Regelblutung hatte. Und ihr Vater sich nicht abhalten ließ, trotzdem mit ihr zu schlafen. Das riss sie emotional aus dem Gleichgewicht.

Die Rechtslage ist bei einem solchen Fall besonders heikel: In der Theorie muss jede Straftat einzeln nachgewiesen werden. Es ist nicht zulässig, die Fälle aufzurunden. Ein junges Mädchen, das 13 Jahre ihres Lebens regelmäßig missbraucht worden ist, kann sich nun natürlich praktisch nicht an jeden einzelnen Fall erinnern. Sie kann nicht 13 Jahre ihres Lebens Tag für Tag rekapitulieren. Darum waren wir bemüht festzustellen, ob sich die Zeugin an ganz bestimmte Ereignisse erinnerte. Das konnte sie. Und dann haben wir aufgerechnet. Marie F. gab an, dass der Geschlechtsverkehr regelmäßig stattfand. Alle zwei Tage. Spätestens nach drei Tagen kam der Vater wieder zu ihr. Angeklagt waren deshalb mehrere Hundert Fälle des Beischlafs zwischen Vater und eigener Tochter.

Der Grund: Es besteht die Gefahr, dass möglicherweise mehr Fälle verurteilt werden, als tatsächlich begangen wurden. Das widerspricht unserem Rechtsstaatsprinzip. Man darf nur für die Taten verurteilt werden, die man auch begangen hat. Und so musste das

Gericht rechnen. Das Jahr hat 365 Tage. Der Missbrauch fand nur dann nicht statt, wenn Marie beispielsweise auf Klassenfahrt war. Das kann ein bis zwei Mal im Jahr gewesen sein. Dann zogen wir noch die Wochen ab, wo das Mädchen vielleicht ernsthaft krank gewesen war und er sich nicht an ihr vergangen hatte. Nahmen wir einen Sicherheitsabschlag von zwei Monaten vor, dann hatte er sie also zehn Monate lang mindesten jeden dritten Tag missbraucht, und so weiter. Eine zynische Rechnung. Aber sie war notwendig. Am Ende blieben für uns 53 nachweisbare Fälle übrig.

*

Der Vater von Marie F. hat sich nicht zu den Vorwürfen geäußert. Zumindest nicht direkt. Er hat von seinem Recht zu schweigen Gebrauch gemacht. Aber er hat über seinen Verteidiger eine Erklärung abgegeben. In dieser Erklärung bestritt er, dass er sexuellen Kontakt zu seiner Tochter gehabt hätte. Er bestand darauf, sich so verhalten zu haben, wie ein Vater sich zu verhalten habe. Er sei sich keiner Schuld bewusst. Er habe stets moralisch korrekt gehandelt.

Während der Verhandlung schaute er zu Boden. Es gelang ihm während der gesamten Prozesstage kein einziges Mal, mir oder den anderen Anwesenden in die Augen zu schauen. Maries Vater war berufstätig. Ein einfacher Arbeiter. Die Familie lebte in bescheidenen Verhältnissen. Sie hatte eine kleine Wohnung. Maries Vater hatte einen Bierbauch. Ein feistes Gesicht, tief liegende Augen, spärliches Haar. Er war untersetzt. Marie hatte keine Geschwister. Als seine Tochter aussagte, schüttelte er immer wieder den Kopf. Verneinend. Als sei das alles nicht wahr. Als könne dies alles gar nicht wahr sein.

Auch die Mutter von Marie F. war als Zeugin geladen. Wir waren gespannt darauf, was sie zu sagen hätte. Sie musste den Missbrauch ja mitbekommen haben. Keine Mutter der Welt kann unbemerkt so etwas in ihrem Haushalt geschehen lassen. Es war unmöglich, dass sie nichts mitbekommen hatte. Erst recht nicht nach den Schilderungen von Marie, dass sie im Ehebett neben der Mutter gelegen und der Angeklagte sie weggedrückt habe, sich dann zwischen sie und die Mutter gelegt und sie missbraucht habe.

Doch die Mutter verweigerte die Aussage. Das war ihr Recht, das durfte sie. Man kann eine Ehefrau nicht zwingen, gegen den eigenen Ehemann auszusagen. In meinen Augen hat sie sich allerdings fast genauso schuldig gemacht wie der eigentliche Täter, weil sie ihrem Kind, ihrem eigenen Kind nicht half. Weil sie es hat geschehen lassen. Aus unerfindlichen Gründen.

Man hätte sie wegen Beihilfe zum sexuellen Missbrauch oder mittelbarer Täterschaft belangen müssen. Doch es gab hierfür nicht genügend Beweise.

Was die Mutter ihrer Tochter angetan hat, ist für mich völlig unverständlich. Ich kann es nicht nachvollziehen. Bis heute nicht.

*

Der Fall wurde vor einem sogenannten Kollegialgericht, der Großen Strafkammer des Landgerichts, verhandelt. In diesem Kollegialgericht sitzen fünf Richter, die gemeinsam zu einem Urteil kommen müssen. Drei Berufsrichter und zwei ehrenamtliche Richter, die Schöffen. Vier von fünf Richtern müssen sich mindestens einig sein. Ich darf nichts über die interne Abstimmung verraten, wer welche Zahlen vorgeschlagen hat. Aber mindestens vier von fünf Richtern einigten sich auf eine Gesamtfreiheitsstrafe von sieben Jahren und sechs Monaten. Die maximale Höchststrafe lag bei 15 Jahren. Ein eher mildes Urteil, wenn man die zerstörte Kindheit und Jugend bedenkt.

Noch vor dem Urteil, in seinem Schlusswort, nachdem der Verteidiger plädiert hatte, den Angeklagten freizusprechen, hilfsweise ihn zu einer milden Strafe zu verurteilen, sagte der Angeklagte: »Aber ich habe doch meine Tochter so lieb.«

Die Tat

Als wir den Fall verhandelten, galt noch eine andere Rechtslage. Die Gesetze waren milder und nicht so komplex, wie sie es heute sind. Der schwere sexuelle Missbrauch von Kindern wurde damals von einem Jahr aufwärts pro Tat bestraft. Heute wird stärker zwischen den tatsächlichen Taten differenziert. Beispielsweise gibt es einen eigenen Straftatbestand, der eine sexuelle Handlung an einem Kind (§ 176 StGB) bestraft – etwa wenn jemand ein Kind mit sexueller Absicht im Schambereich berührt. Dafür wird eine Freiheitsstrafe von sechs Monaten bis zu zehn Jahren im Gesetz angedroht.

Dann gibt es noch den vollzogenen Beischlaf mit dem Kind (§ 176a StGB). Dieser wird mit mindestens zwei Jahren Freiheitsstrafe bestraft. Für jede einzelne Tat. Die genauere Differenzierung und das breit gefächerte Strafmaß sind wichtig, denn Kindesmissbrauch ist nicht gleich Kindesmissbrauch. Man stelle sich folgende Konstellation vor: Der Junge ist 17 Jahre alt. Er hat eine Freundin, die 13 Jahre alt ist. An seinem 18. Geburtstag »schenkt« sie ihm ihre erste gemeinsame Nacht, weil sie jetzt schon ein Jahr zusammen sind. Sie lieben sich, und es kommt zum vollendeten Geschlechtsverkehr zwischen dem gerade an diesem Tag 18-Jährigen und der 13-Jährigen, die vielleicht in zwei Wochen 14 wird. Das ist eine ganz andere Situation, als wenn ein 35-jähriger Mann ein Kind, das auf dem Weg nach Hause ist, vom Fahrrad reißt, ins Gebüsch zerrt und sich dort an dem Kind vergeht. Zwei unterschiedliche Extreme. Das eine ist eine Liebesbeziehung. Das andere ist die Vergewaltigung eines Kindes. Zwei Fälle, die rein theoretisch beide unter die Straftatbestände des sexuellen Missbrauchs eines Kindes fallen.

Im Extremfall kann wegen des sexuellen Missbrauchs eines Kindes auch eine Sicherungsverwahrung ausgesprochen werden. Wenn der sexuelle Missbrauch den Tod des Kindes zur Folge hat (§ 176b StGB), kann eine lebenslange Freiheitsstrafe verhängt werden. Ebenso, wenn der Täter immer wieder Kinder sexuell missbraucht und dafür bestraft wird (§ 66 StGB), und auch, wenn der Täter das Kind nach der Vergewaltigung tötet. Dann handelt es sich in der Regel um Mord zur Verdeckung der Straftat (§ 211 StGB). Gerade solche Fälle können eine Sicherungsverwahrung rechtfertigen.

Der Gedanke dahinter ist, die Gesellschaft vor besonders gefährlichen und vor psychisch kranken Tätern zu schützen. Dafür muss mindestens ein Sachverständiger zu der Diagnose kommen, dass der Täter auch nach der Verbüßung einer Haftstrafe weiterhin den Hang hat, besonders schwere Straftaten zu begehen, etwa zu töten oder eben Kinder sexuell zu missbrauchen. Eine Veranlagung, die bei diesen speziellen Fällen mit keiner Therapie der Welt aus dem Menschen herauszubekommen ist. Die Sicherungsverwahrung muss dann in besonderer Art und Weise vollzogen werden. Sie gilt nicht als klassische »Haft«, das heißt, der Täter wird nicht in einer kleinen Zelle eingesperrt. Es ist eine lebenslange Verwahrung. Und die soll menschenwürdig sein. Entsprechend werden die Täter in einer Art kleinen Wohnung untergebracht. Eine Wohnung, die sie niemals verlassen dürfen. Allerdings ist diese besondere Art der Verwahrung durch die Einholung weiterer Gutachten regelmäßig zu überprüfen.

KAPITEL 6

»Wenn es hier so scheiße ist ...«

Straftatbestände:
Sachbeschädigung, versuchte gefährliche
Körperverletzung (§§ 303, 223, 224, 22, 23 StGB)

Die Geschichte

Abdul K. ist ein Phantom. Ein Mensch ohne Vergangenheit. Ein Mensch ohne Historie. Denn die Geschichte von Abdul K. ist eine, die nur in Dokumenten und Strafakten existiert. Sie ist voller Lücken. Und sie beginnt im Hochsommer 2015. Auf dem Gipfel der Flüchtlingskrise.

*

Abdul K. kommt über die deutsch-österreichische Grenze nach Bayern. Dort beantragt er Asyl. Er sagt, dass er aus Libyen stammt.

Dass er ein Kriegsflüchtling sei. Ein politisch Verfolgter. Der Asyl-antrag wird geprüft, Abdul K. derweil in einer Flüchtlingsunter-kunft in Zwickau untergebracht. Dort begeht er mehrere Straf-taten, weswegen Geldstrafen gegen ihn verhängt werden. Dann endet die Geschichte. Vorerst. Bis das Phantom im November des folgenden Jahres wieder auftaucht.

Es ist ein kühler Sonntagabend. Die Sonne ist bereits untergegan-gen, und in der Zwickauer Eckkneipe »Zur Eiche« treffen sich die gleichen Figuren, die sich dort immer treffen. Josef, 48, Karlheinz, 35, Annemarie, 52. Einfache Menschen mit einfachen Jobs. Der Höhepunkt ihrer Woche ist der gemeinsame Sonntagabend. Man trinkt Bier. Man redet ein bisschen über Politik und Bundesliga. Meist sind es die gleichen Phrasen, die man wieder und wieder zum Besten gibt. Der Laden ist klein, aber gemütlich. Eine urdeutsche Parallelwelt.
Und um 20.07 Uhr betritt Abdul K. diese Welt. Er öffnet die Tür. Kälte zieht in den Laden. Die Gäste schauen kaum von ihren Glä-sern auf. Einige rauchen. Abdul K. sieht sich in dem Raum um, er lässt den Blick von links nach rechts gleiten. Dann fängt er an zu schreien. »Bier!«, brüllt er.
Die Gäste schauen sich unsicher an.
»Bier! Bier! Bier!«, wiederholt Abdul K.
Der Wirt, ein stattlicher Mann, presst seine Fäuste auf den Tresen und macht dem Fremden klar, dass das kein Umgangston sei.
»Bier!«, wiederholt der ungerührt. Noch etwas lauter. Noch etwas aggressiver. Es ist deutlich zu sehen, dass Abdul K. schon das ein oder andere alkoholische Getränk intus hat.
»Kein Bier!«, herrscht ihn der Wirt nun an. »Das ist erstens kein Umgangston, mein Freund, und zweitens ist heute geschlossene Ge-sellschaft.«
»Was Gesellschaft?«, fragt Abdul K. nach. »Bier! BIER!«

Der Wirt erklärt ihm in einfachsten Worten, dass er von seinem Hausrecht Gebrauch machen werde und Abdul den Laden zu verlassen habe.

»Du gehen!«, sagt er, zieht dabei die Wörter betont lang und zeigt mit seiner Hand unmissverständlich in Richtung Tür.

Doch Abdul denkt gar nicht daran, zu gehen. »Bier, Bier, Bier!«, schreit er, und der Wirt und seine Stammgäste nicken sich zu. Sie wissen, was tu tun ist. In der »Eiche« gibt es immer wieder renitente Gäste, die den Ladenfrieden stören. Die Männer stehen auf, packen Abdul unter den Armen und bugsieren den Störenfried gemeinsam vor die Tür.

Doch das Drama ist noch nicht beendet. Es fängt vielmehr gerade erst an. Vor der Tür rastet Abdul aus. Er fängt an zu schreien. Die Männer zu beleidigen. »Scheißdeutsche! Scheißland! Scheißnazis!«, brüllt er, und sein Kopf läuft rot an.

Er rennt voller Wut durch die Straße und tritt gegen die Autos. Er tritt die Spiegel ab. Er tritt die Türen ein. Er schlägt gegen die Fensterscheiben. Eine Alarmanlage springt an. Abdul hört nicht mehr auf zu brüllen. Er schreit sich in Rage. Mehrere Autos werden beschädigt.

»Wir müssen was machen«, sagt Josef.

Gemeinsam mit Karlheinz, den alle nur Kalle nennen, geht er zu Abdul K. Die beiden überwältigen den randalierenden Flüchtling, fixieren seine Arme und pressen ihn gegen eine Hauswand.

»Scheißdeutsche«, schreit er immer lauter.

Der Wirt ruft in der Zwischenzeit die Polizei. Sie braucht sieben Minuten. Sieben quälende Minuten, in denen Abdul nur noch aggressiver wird. Kalle ist ein stämmiger Kerl. Doch auch er hat Mühe, den wütenden Mann festzuhalten. Mittlerweile sind immer mehr Passanten durch die Schreie angelockt wurden. Es hat sich bereits eine kleine Traube auf der Straße gebildet. In der Mitte: ein wütender Abdul K., der versucht sich mit Gewalt loszureißen. Er presst sein gesamtes Körpergewicht gegen die beiden Männer, die ihn noch immer gegen die Hauswand drücken. Sie haben sichtlich Mühe, ihn in Zaum zu halten. Als sie unachtsam sind, gelingt es ihm, sich umzudrehen und Kalle zu beißen. Direkt ins Gesicht.

»Teufelskerl!«, schreit der aus.

Dann trifft die Polizei ein. Endlich, denken die Männer. Jetzt hat der Spuk ein Ende. Aber es soll anders kommen. Der Kampf hat gerade erst begonnen. Als würde der Anblick der uniformierten Männer noch mehr Adrenalin in Abdul K.s Körper freisetzen, beginnt er sich nun eine regelrechte Straßenschlacht mit den Beamten zu liefern. Er reißt sich los. Schlägt auf die Männer ein. Als sie ihn in den Polizeigriff nehmen, tritt er die Beamten. Er spuckt sie an. Die Polizisten pressen den vermeintlichen Libyer auf den Boden. Sie haben mittlerweile Verstärkung angefordert, es sind vier, fünf, sechs Mann nötig, um den wildgewordenen Kerl zu bändigen.

Es dauert gute fünf Minuten, bis es gelingt, Abdul K. Handschellen anzulegen und ihn in das Polizeiauto zu bugsieren. Er wird auf das Revier gebracht. Die Fahrt ist eine Katastrophe. Auf der Rückbank schreit und flucht er, bezeichnet die Beamten wieder als »Scheißdeutsche« und »Nazis«. Erst im Polizeirevier scheint er sich beruhigt zu haben. Er stammelt nur noch ein paar unverständliche leise Worte vor sich her. Aber er widersetzt sich nicht mehr. Vielleicht ist er auch einfach zu erschöpft. Ein Polizist nimmt ihm die Handschellen ab und bringt ihn zum anderen Ende des Gebäudes. Dort soll er erkennungsdienstlich erfasst werden. Ein Standardprocedere. Es werden Fingerabdrücke genommen, Daten abgeglichen und Fotos geschossen. Das halbe Revier starrt den mittlerweile etwas ruhigeren Randalierer an. So etwas hat man hier selten. Dass sich jemand seiner Verhaftung widersetzt: Alltag. Aber dass er dann auch noch das halbe Polizeirevier in Schach hält – das schaffen nur Junkies und Psychopathen. Als Abdul durch das Revier geht, sticht ihm die blonde Polizeimeisterin ins Auge, die auf der Wache zwischen den restlichen Beamten steht und ihn beobachtet. Er schaut sie verächtlich an, sammelt seinen Speichel im Mund, baut sich vor ihr auf – und rotzt sie an. Einfach so. Mitten ins Gesicht.

»Um Himmels willen!«, schreit die Polizeibeamtin und läuft angeekelt ins Badezimmer, um sich zu waschen.

»Also gut«, flucht ein Polizist und drückt Abdul K. gegen die Wand, um ihm wieder Handschellen anzulegen. »Du willst es ja nicht anders.«

Die Nacht verbringt der Mann im Polizeigewahrsam. Am nächsten Morgen wird er wieder freigelassen. Und taucht erst einmal unter.

*

Die nächste Akte, in der der Name Abdul K. auftaucht, ist wieder eine Polizeiakte. Dieses Mal spielt die Geschichte in einer Flüchtlingsunterkunft. In der Flüchtlingsunterkunft, in der Abdul K. mittlerweile lebt.

Er hat dort ein Zimmer. Ein kleines Zimmer. Es gibt ein Bett, einen Schrank, einen Tisch und einen Stuhl. Jeden Monat bekommt er Geld, für das er sich Lebensmittel und Kleidung kaufen kann. Eines Abends fängt Abdul K. an zu trinken. Er scheint Probleme zu haben. Welche Probleme, weiß man nicht. Das sagt er nicht. Er hat kaum Freunde, kaum Vertraute. Vielleicht sind seine Erwartungen an Deutschland zu hoch gewesen. Vielleicht ist er einsam. Vielleicht gibt es etwas in seiner Vergangenheit, das sein Verhalten erklären könnte.

Man weiß das alles nicht. Man weiß nur, dass Abdul K. angefangen hat zu trinken. Er trinkt und trinkt, und plötzlich passiert etwas in ihm. Irgendetwas in seinem Kopf setzt aus. Er fängt an, sein Zimmer zu demolieren. Gegen den Tisch zu treten, seinen Stuhl zu zertrümmern. Er wird immer aggressiver. Dann öffnet er sein Fenster und schmeißt die ersten Möbel raus. Er wohnt im vierten Obergeschoss.

Es ist spät. Abdul K.s Mitbewohner werden wach. Im Flüchtlingsheim gehen die ersten Lichter an. Eine Frau vom Wachschutz steht am Eingang des Heims. Sie sieht, wie Möbel herunterfallen. Bettgestell. Tisch. Eine Matratze.
Sie schaut nach, was da los ist. Als Abdul K. von seinem Fenster aus die Frau sieht, wird er noch aggressiver. Er fängt an, gezielt Dinge auf sie zu schmeißen. Und sie dabei zu beleidigen. Teller, Tassen, Gläser. Sie zerschellen neben der Frau. Die bringt sich in Sicherheit.

Auch wenn Abdul K. alkoholisiert ist, ist er noch immer in der Lage, das Fenster aus den Angeln zu reißen und aus dem vierten Stock in den Vorgarten zu schmeißen. Der Sachschaden beträgt rund 4000 €. Es ist nicht das einzige Mal, dass er in seiner Flüchtlingsunterkunft randaliert. In den Akten gibt es zwei entsprechende Vorfälle.

*

Drei Monate später taucht das Phantom wieder auf. Dieses Mal in einem Park. Die Polizei bekommt einen Anruf, es hat offenbar einen versuchten Einbruch in einen Kiosk gegeben. Die Beamten machen sich auf den Weg. Sie kommen zu dem kleinen Laden und erkennen sofort, dass jemand versucht hat, die Eingangstür aufzubrechen. Die Spuren sind eindeutig. Direkte Einwirkung stumpfer Gewalt neben dem Türschloss. Wahrscheinlich von einer Brechstange. Am Tatort ist niemand zu sehen. Die Polizisten laufen ein wenig herum. In einem nahe gelegenen Park treffen sie auf eine Gruppe von jungen Männern. Sie stehen um eine Parkbank herum. Einige von ihnen rauchen. Sie unterhalten sich angeregt. Die Polizisten gehen auf die Gruppe zu.
»Guten Abend, die Herren.«
Die Männer schauen sie wortlos an.
»Was machen Sie denn hier?«, fragen die Polizisten weiter.

Noch immer bekommen sie keine Antwort. Ob die Männer sie verstehen? Sie sehen südländisch aus.

»Zeigen Sie uns doch bitte mal Ihre Ausweise. Ausweise. IDs.«
Die Männer schauen sich etwas unsicher an. Dann geben die ersten ihre Ausweise an die Beamten.

»Asyl«, sagt einer in gebrochenem Deutsch. »Sind Asyl Deutschland.«

Es gibt keinen Hinweis darauf, dass die Männer tatsächlich etwas mit dem Einbruchsversuch zu tun haben. Einiges spricht aber dafür. Die Täter können nicht weit sein. Es gibt nur eine Zugangsstraße zu dem Park und dem Kiosk. Die Polizisten hätten gesehen, wenn ihnen jemand mit dem Auto entgegengekommen wäre. Aber da war niemand. Überhaupt ist im ganzen Park sonst niemand. Außer diesen Männern. Es wird kaum möglich sein, ihnen etwas nachzuweisen. Zumal ja auch nichts passiert ist. Dennoch wollen die Beamten deutlich machen, dass sie die Männer im Blick haben. Dass sie Nachfragen stellen werden, sollte heute Abend noch eine Tür aufgebrochen werden.

Während die Beamten nach und nach die Personalien aufnehmen, fangen zwei Männer aus der Gruppe an sich zu streiten. Die Polizisten nehmen wahr, wie die Diskussion der beiden immer lauter wird. Immer aggressiver. Was die beiden sagen, verstehen die Polizisten nicht. Die Männer sprechen in einer fremden Sprache. Einer von ihnen: Abdul K.

»Ruhe jetzt«, sagt einer der Polizisten mechanisch, während er weiter die Ausweise überprüft.

Und auf einen Schlag eskaliert die Situation.

Abdul K. nimmt Anlauf, läuft auf seinen Kontrahenten zu – und springt ihm mit voller Wucht und ausgestrecktem Bein in den Bauch. Der junge Mann fällt hin. Er flucht. Springt auf und geht auf Abdul los. Die Polizisten reagieren sofort und stellen sich zwischen die beiden Männer. Halten sie auseinander.

»Na, habt ihr jetzt den Verstand verloren?«, fragen sie.

Doch nun mischen sich auch die anderen Männer aus der Gruppe ein. Sie fangen an, wie wild aufeinander einzureden.

Es kommt zu einem Handgemenge. Es bilden sich zwei Gruppen. Alles geht wild durcheinander. Und Abdul gelingt es, seinem Kontrahenten mit der Faust ins Gesicht zu schlagen.

Jetzt greift die Polizei hart durch. Die Beamten ziehen ihre Schlagstöcke und beenden die Auseinandersetzung mit der Androhung von Gewalt.

Die beiden Gruppen entfernen sich. Die Polizisten entscheiden sich, niemanden festzunehmen.

»Und ihr haltet jetzt Ruhe hier!«, mahnen sie noch, als sie in den Polizeiwagen steigen und die Szene wieder verlassen.

Zwanzig Minuten später geht ein weiterer Notruf bei der Leitstelle ein. Man solle sofort zu der Asylunterkunft kommen. Es sei etwas passiert.

Als die Beamten das Flüchtlingsheim erreichen, finden sie eine verletzte Person am Boden liegen. Ein zweiter Mann rennt weg. Die beiden Polizisten, die schon die Situation im Park vor der Eskalation bewahrt haben, kümmern sich um das Opfer, nachdem sie einen Krankenwagen gerufen haben. Sie kennen den Mann, der blutend am Boden liegt. Es ist derjenige, dem Abdul K. in den Bauch getreten hat. Während sie seine offene Wunde am Arm verbinden, kommt Abdul K. wieder. Er rennt schreiend auf das am Boden liegende Opfer zu. In der Hand: ein Küchenmesser mit langer Klinge.

»Stechen dich ab!«, schreit er, ungeachtet dessen, dass zwei Polizisten vor Ort sind. Es scheint ihm einfach egal zu sein.

Den Polizisten reicht es nun endgültig. Sie springen auf, ziehen ihr Pfefferspray und sprühen es in die Luft. Abdul bleibt schlagartig stehen und duckt sich noch rechtzeitig weg, dafür bekommt einer der Beamten selbst eine ordentliche Ladung ab. Immerhin: Der Messerangriff ist abgewehrt.

Abdul K. flüchtet, wird aber von den hinterhereilenden Polizeibeamten verfolgt. Abdul rennt wie ein Hase, springt, schlägt Haken, gelangt schließlich an einen Zaun, wo er gestellt werden kann. Er wird festgenommen.

Im Polizeiwagen randaliert er und tritt so heftig gegen die Karosserie, dass schließlich die Schiebetür des Transporters aufspringt. Abdul K. kommt in Polizeigewahrsam. Am nächsten Morgen wird er wieder freigelassen.

*

Und dann kommt es zu dem vorerst letzten großen Auftritt des Phantoms. Sommer. Das alljährliche Stadtfest in Zwickau. Es ist Wochenende. Bestes Wetter. Die Sonne scheint, viele Familien sind mit ihren Kindern unterwegs. Für die Kleinen gibt es einen Schminkstand, Ballons werden verteilt, die Stimmung ist gut. Das Stadtfest ist ein kleines Highlight jedes Jahr.

In der Nähe der Stadtbibliothek gibt es einen Supermarkt. Der Laden ist gut gefüllt. Eltern kaufen mit ihren Kindern Süßigkeiten, ältere Damen machen ihre Wochenendeinkäufe. Die Menschen sind eh gerade in der Innenstadt. Das verbinden sie mit ihren Erledigungen. Die gute Stimmung von dem Volksfest ist auch noch im Supermarkt zu spüren. Die Kinder sind geschminkt und halten Luftballons in den Händen.

Und dann erscheint das Phantom.

Abdul K. ist nicht allein. Er ist in Begleitung eines Freundes. Sie marschieren durch den Laden, als wären sie Könige. Das Kinn aufgerichtet, mit breitbeinigem Gang. Sie unterhalten sich laut in einer fremden Sprache. So laut, dass alle es in dem Laden mitbekommen. In einem der Gänge hockt eine Verkäuferin auf dem Boden und räumt Ware ein, die sie dabei gleichzeitig auspreist.

Da stehen plötzlich diese beiden Männer hinter ihr. »Entschuldigung!«, sagt einer von ihnen. Ein Zeichen, dass sie vorbeiwollen. Merkwürdig, denkt die Verkäuferin. Es ist doch Platz. Mehr als genug Platz. Die Männer könnten ohne Probleme einfach an ihr vorbeigehen. Aber die Verkäuferin ist eine höfliche Frau. Sie sieht die Kunden, steht auf und stellt sich ans Regal. Sie macht symbolisch Platz. Doch die Männer gehen nicht vorbei. Sie bleiben stehen, starren die Verkäuferin weiter an. »Entschuldigung!«, wiederholen sie.

Die Verkäuferin weiß nicht, was sie noch machen soll. Sie geht einen Schritt beiseite. Endlich gehen die Männer weiter. Dabei beschimpfen sie die Frau: »Nazischlampe. Scheißdeutsche.«

Im nächsten Gang fangen sie dann an, Dinge umzustoßen. Einfach so. Sie reißen Cornflakes-Packungen auf und schütten sie aus. Sie schmeißen Nutella-Gläser auf den Boden. Sie stoßen Werbeware in kleinen Ständern um. So ziehen sie durch den Laden in Richtung Getränkeabteilung. Dort nehmen sie aus einem Kasten mehrere Bierflaschen und schmeißen sie auf den Boden. Ein Familienvater mit seinen vier Kindern steht vor den Männern. Die Jungs sehen aus wie Orgelpfeifen: einer leicht größer als der andere. Der Mann ist mit seinen Söhnen auf dem Stadtfest gewesen. Eigentlich wollten sie nur schnell etwas zum Abendessen einkaufen, jetzt sind sie in die Schusslinie von Abdul K. und seinem Freund geraten, von zwei Männern, die gerade willkürlich einen Supermarkt auseinandernehmen.

Die Jungs bekommen Angst. Klammern sich an ihren Vater. Abdul K. sieht den Mann und die Kinder, er sieht, dass sie Angst haben. Doch statt aufzuhören, nimmt er eine Bierflasche und wirft sie auf die Kinder. Völlig grundlos. Die Bierflasche trifft zum Glück nicht, zerschellt auf dem Boden, Bier spritzt. Überall sind Glassplitter. Die Kinder schreien. Es bricht eine Art Tumult aus. Die Kunden verlassen das Geschäft, die Polizei wird gerufen, die Mitarbeiterinnen ziehen sich zurück. Sie sehen, dass sie keine Chance gegen die Männer hätten. Als die Beamten eintreffen, erkennen sie in einem der beiden ihren alten Bekannten wieder. Das Phantom Abdul K.

Der Prozess

Eines Tages im Februar bekam ich Besuch. Ein Reporter der BILD-Zeitung hatte sich angekündigt. Er wollte mich begleiten und eine Geschichte über den Arbeitsalltag eines Richters schreiben. Wir trafen uns um 8 Uhr morgens in meinem Richterzimmer. Ich erzählte ihm, was an diesem Tag anstand: der Prozess um einen Asylbewerber.
Abdul K. stand wegen mehrerer Straftaten vor Gericht. Die Liste war lang: Beleidigung, Körperverletzung, versuchte gefährliche Körperverletzung, Sachbeschädigung, Widerstand gegen Vollstreckungsbeamte.
Der BILD-Reporter nahm im Besucherbereich Platz und verfolgte den Prozess.

Wir versuchten zunächst seine Identität festzustellen. Doch Abdul K. blieb ein Phantom – auch als er vor uns saß. Er war möglicherweise Libyer. Eventuell aber auch Tunesier oder Marokkaner. Abdul war im Sommer vor zwei Jahren nach Deutschland gekommen. Zu einem Zeitpunkt, als täglich Tausende Flüchtlinge nach Deutschland kamen. Effektive Grenzkontrollen gab es zu diesem Zeitpunkt nicht. Neben wirklich schutzbedürftigen Männern, Frauen und Kindern, die vor dem Syrien-Krieg flohen, kamen auch Menschen, die kein Anrecht auf Asyl hatten. Die Angabe falscher Personalien kam damals häufiger vor. Viele Flüchtlinge hatten keine Ausweise dabei und erklärten, sie seien im Krieg verloren gegangen. Oder auf der Flucht. Auch Abdul hatte keine Papiere.
Mittlerweile war es für mich als Richter Alltag, dass ich Fälle ver-

handelte und Täter auf der Anklagebank sitzen hatte, von denen ich nicht wusste, wer sie überhaupt waren, wer da genau vor uns saß. Es waren Menschen, die sich in Deutschland selbst einen Namen gegeben hatten. Es gab sogar einen Fall, da ging ein Angeklagter in Berufung, und vor dem Berufungsgericht sagte er ziemlich frech: »Jetzt verrate ich Ihnen aber mal meine richtigen Personalien.« Ohne dass in irgendeiner Art und Weise belegt worden wäre, dass dies nun die richtigen waren.

Dass Abdul K. kein Libyer war, hielt ein Dolmetscher vor Gericht für erwiesen. Er nahm an, dass wir es mit einem Tunesier zu tun hatten. Das sei an seiner Aussprache zu erkennen.

Tunesier haben nur selten einen Asylanspruch in Deutschland.

Wir hörten verschiedene Zeugen. Sie alle attestierten Abdul K. eine ausgeprägte Aggressivität. Außerdem zeichnete sich ein Muster ab. Gegenüber Frauen wurde Abdul besonders aggressiv. Für mich ergab sich der Eindruck, dass sie für ihn Wesen waren, die unter ihm standen. Vor denen er keinen Respekt haben musste.

Während des gesamten Prozesses schwieg Abdul K. Er saß wie eingesunken auf seinem Stuhl.

Die Zeugen erzählten, wie sie von dem Angeklagten beleidigt worden waren, dass sie »Nazis« seien, »Scheißdeutsche« in einem »Scheißdeutschland«.

Das konnte ich nicht im Raum stehen lassen. In diesem Moment, nach all den Vernehmungen, hatte ich eine Frage im Kopf. Eine ernst gemeinte Frage.

»Herr K.«, begann ich. »Sie sprechen von Scheißdeutschland. Von Scheißdeutschen. Warum sind Sie dann hier, wenn hier alles so scheiße ist?« Was hielt ihn in diesem Land? Was wollte er hier? Wenn alles so schlimm war?

Die Frage lag mir auf dem Herzen.

Abdul K. antwortete nicht.

Aber ich sah, wie der BILD-Journalist ganz hektisch etwas in seinen Block notierte.

»Wenn Deutschland so Scheiße ist, warum sind Sie dann hier?«
Für mich war das eine ganz selbstverständliche Frage. Eine Frage, die sich gewissermaßen aus dem Gehörten im Prozess aufdrängte. Ich wollte es wirklich begreifen. Für den BILD-Reporter aber war die Frage viel mehr. Sie war eine Schlagzeile. Und diese Schlagzeile sollte Karriere machen. Das sollte ich noch zu spüren bekommen.
Ich zog mich mit meinen Schöffen zurück, und wir entschieden uns für ein Urteil. Wir beschlossen, dass die vielen Straftaten, die dieser Angeklagte begangen hatte, dazu führen müssten, dass er eingesperrt wurde. Sein Verhalten hatte das erträgliche Maß um so viel überschritten, dass die Rechtsordnung reagieren musste. Er hatte so viel Schuld auf sich geladen, dass man ihn einsperren musste, und zwar für eine längere Zeit. Das war die Reaktion des Gerichts. Das hat ein Kollegialgericht, bestehend aus drei Richtern, so entschieden. Zwei Jahre und sechs Monate Haft. Das war sehr viel mehr, als die Staatsanwaltschaft gefordert hatte, es war doppelt so viel. Aber das Gericht hielt diese Strafe aufgrund der vorangegangenen Taten für angemessen.
Der Verteidiger von Adbul K. kündigte an, er werde Berufung einlegen.
Ich verabschiedete mich von dem Reporter, erledigte noch ein wenig Papierkram in meinem Büro und machte schließlich auch Feierabend.

Als ich am nächsten Morgen in mein Büro kam, war die Welt eine andere. Oder zumindest meine Welt. Ich fuhr meinen Rechner hoch und stellte schnell fest, dass ich eine ungewöhnlich hohe Anzahl an E-Mails in meinem Postfach hatte. Die meisten waren positiv. Es waren Gratulationsschreiben. Endlich jemand, der Klartext sprach, so der Tenor.

Ich brauchte ein paar Minuten, um zu verstehen, was die Menschen eigentlich von mir wollten. Dann erinnerte ich mich an den Journalisten. Da war ja was …

Ich kramte unter dem Stapel der tagesaktuellen Presse die BILD-Zeitung hervor und staunte nicht schlecht. Man hatte meine gestrige Frage zu einer Schlagzeile gemacht. Und zwar zu einer ziemlich großen. Und plötzlich sprachen alle über den Fall Abdul K. Plötzlich sprachen alle über das Phantom. Andere Zeitungen berichteten. Im Radio wurde darüber gesprochen. Es gab Blogger, die mein Zitat aufgriffen. Plötzlich nannte man mich »Richter Klartext« oder »Richter Gnadenlos«. Ich war erstaunt. Mit einem solchen Interesse hatte ich nicht gerechnet. Warum auch? Ich hatte das gemacht, was ich jeden Tag machte: Ich führte einen Prozess. Ich stellte Fragen. Ich versuchte mir ein Bild von dem Menschen zu machen, der vor mir saß.

Die Sache wurde immer größer. Immer mehr Zeitungen berichteten. Am nächsten Tag riefen mich weitere Journalisten an. Sie alle wollten mit mir sprechen. Wegen dieses Satzes, der mich für ein paar Tage in die bundesdeutsche Öffentlichkeit brachte. TV-Sender riefen an. Sie wollten unbedingt ein Interview mit mir führen. Mit »Richter Klartext«. Ich lehnte ab. Ich hatte eine eiserne Regel. Ich hatte immer gesagt, dass ich keine Interviews zu meinen eigenen Fällen führen würde, denn ein Richter sollte nie seine Fälle kommentieren. Es sollte nie dazu kommen, dass ein Richter gegenüber der Presse begründen muss, warum er eine Entscheidung so getroffen hat, wie er sie getroffen hat.

Ein Richter spricht Recht, aber er soll sich nicht rechtfertigen, wie er Recht spricht. Die Justiz ist unabhängig und nur dem Recht unterworfen. Egal wie das Urteil lautet, der Richter hat, wenn er seine

Arbeit richtig gemacht hat, nach Gesetz und Recht gehandelt und nicht aufgrund von Vorurteilen oder Ressentiments. Vor dem Recht sind alle gleich. Es werden weder Rechte noch Linke bevorzugt, weder Liberale noch Konservative, weder Deutsche noch Ausländer. Wer eine Straftat begeht, der wird nach den Möglichkeiten unseres Rechtsstaates dafür belangt.

Aber das wollten die Journalisten alles gar nicht wissen.

»Sind Sie AfD-Mitglied?«, wurde ich gefragt.

Nein, bin ich nicht. Und auch nicht Anhänger der MLPD, der Marxistisch Leninistischen Partei Deutschland. Ich bin weder auf dem rechten noch auf dem linken Auge blind.

Ich empfand es als absurd, was geschah. Von diesem Tag an war ich offenbar eine polarisierende Figur in der Öffentlichkeit. Die einen unterstellten mir, »ein Nazi« zu sein, die anderen fanden, dass sich endlich mal jemand gegen »die Flüchtlingsverbrecher« zur Wehr setzte. Dabei hatte ich einfach nur unser Gesetz ausgelegt und es angewendet. Mehr nicht.

Und das Urteil hatte ich nicht allein getroffen. Bei einem Schöffengericht gibt es drei Richter. Einen Profi, der Jura studiert hat, und zwei Menschen aus dem Volk. Wenn die beiden Menschen aus dem Volk sagen, dass sie die Strafe als zu hoch oder zu niedrig empfinden, dann habe ich als studierter Jurist mich dem zu beugen. Die Mehrheit entscheidet. Das heißt, wenn mindestens zwei Richter – oder eben auch alle drei – in einem Prozess sagen, dass das vorgeschlagene Strafmaß der Staatsanwaltschaft zu gering ist, dann ist das eine ganz normale, eine ganz alltägliche Entscheidungsfindung. Der Staatsanwalt darf ein Urteil vorschlagen. Der Verteidiger darf ebenfalls ein Urteil vorschlagen, aber es sind die Richter, die das Urteil sprechen. So funktioniert unser Rechtssystem.

Der Prozess war nicht allein in Deutschland ein großes Thema. Auch in Österreich und in den Niederlanden wurde berichtet. Zuschriften bekam ich aus dem gesamten Bundesgebiet. Ich wurde zu Talkshows eingeladen. Ein Mitglied des Europaparlaments wollte sich mit mir treffen. Ich wollte das alles nicht. Ich war kein Politiker, und ich hatte keine Politik gemacht. Und dennoch fand ich es ein bisschen unheimlich, was für eine Welle losgetreten worden war. Mit so etwas rechnet man ja nicht, es sei denn, man ist auf Publicity aus. Das war ich nicht.

*

Gegen das Urteil wurde Berufung eingelegt. Aber zum Termin der Berufungsverhandlung erschien Abdul K. nicht. Er ließ sich auch nicht für sein Nichterscheinen entschuldigen.

Tatsächlich weiß niemand, wo er heute ist. Er scheint sich abgesetzt zu haben. Er ist untergetaucht. Entsprechend hat sich das Berufungsverfahren erledigt. Unser Urteil ist nun rechtskräftig. Die Staatsanwaltschaft muss es vollstrecken. Es ist daher damit zu rechnen, dass ein Haftbefehl erlassen wird und irgendwann einmal, wenn der Angeklagte in der Bundesrepublik Deutschland angetroffen werden sollte, er seine Strafe verbüßen muss.

Die Tat

Neben den abgeurteilten Straftaten lässt sich fragen, ob sich der Angeklagte nicht sogar wegen Volksverhetzung gemäß § 130 StGB strafbar gemacht haben könnte. Nach dieser Vorschrift wird mit Freiheitsstrafe von mindestens drei Monaten bis zu fünf Jahren bestraft, wer eine nationale Gruppe allein wegen ihrer Zugehörigkeit zu dieser Nationalität beschimpft und dadurch den öffentlichen Frieden stört. Mit seinen Äußerungen hat Abdul K. »die Deutschen« und konkret die von ihm als Deutsche erkannten Bürger beschimpft. Ob er tatsächlich den öffentlichen Frieden durch seine

Beschimpfungen so sehr gestört hat, dass er sich strafbar gemacht hat, wäre als Nächstes zu prüfen. Es macht nach dem Gesetz keinen Unterschied, ob man als Deutscher eine andere Nationalität beschimpft oder ob ein Ausländer sich mit Worten und Taten gegen einen Deutschen oder »die Deutschen« wendet. Tatsächlich wurde wegen seiner Äußerungen keine Anklage wegen Volksverhetzung erhoben.

Wegen dieses Urteils wurde ich in einer E-Mail als »Sch …-Sachse« bezeichnet. Der öffentliche Frieden war dadurch sicher nicht gestört. Auch habe ich mich darüber amüsiert, als Sachse beschimpft zu werden. Zwar lebe ich seit Jahrzehnten in Sachsen und fühle mich hier heimisch. Doch gebürtig stamme ich aus Nordrhein-Westfalen.

KAPITEL 7

Unter Alkoholikern

Straftatbestand:
»Gruppenvergewaltigung«
(§ 177 StGB alte Fassung)

Die Geschichte

Und obwohl es Weihnachten ist, sind sie alle zusammengekommen. Sie sind zusammengekommen, so wie sie jeden Tag zusammenkommen. Johannes der Säufer und Joe mit den Würmern im Bein. Auch Thomas ist da. Der schöne Thomas. Und natürlich Frank. Ein großer Teil des Trinkermilieus hat sich am Hauptbahnhof versammelt. An ihrem Treffpunkt. In ihrem inoffiziellen Wohnzimmer.
Der kalte Wind zieht durch die zugezogene Eingangstür. Die Geschäfte sind geschlossen. Nicht einmal der kleine Kiosk hat offen. Doreen schaut sich um. Sie denkt nach. Überlegt, wann der Bahnhof jemals so leer gewesen ist. Sie kann sich nicht erinnern. Aber es ist

ihr auch egal. Heute ist ein schöner Tag. Nicht, weil Weihnachten ist. Einfach weil sie alle zusammen sind. Und weil Thomas da ist. Doreen mag Thomas.

Doreen F. ist eine gescheiterte Existenz. Sie ist kein schlechter Mensch. Kein böser Mensch. Sie ist auch kein fauler Mensch, kein Mensch also, der unwillig gewesen wäre, sich in die Gesellschaft zu integrieren. Doreen F. ist einfach nur krank. Alkoholkrank. Und diese Krankheit legt sich über ihr Leben wie ein großer, dunkler Schatten. Ein Schatten, der einfach nicht verschwinden will. Ein Schatten, der sie von Kindheit an verfolgt hat. Ein Schatten, der sie an diesem Weihnachtstag einfach verschlucken wird. Aber das weiß sie noch nicht, als sie ihr viertes Bier öffnet und Peter zuprostet.

»Frohe Weihnachten«, sagt sie.

»Ja ja«, lallt Peter zurück.

Hätte sie gedacht, dass ihr Leben einmal so aussehen würde?

Doreen wächst in der ehemaligen DDR auf. Ihre Eltern sind einfache Leute. Der Vater arbeitet in den Trabant-Werken, ihre Mutter ist Hausfrau. Geschwister gibt es keine. Der Tagesablauf im Hause F. ist streng geregelt. Es gibt Rituale. Die Mutter von Doreen steht morgens um fünf Uhr auf, deckt den Frühstückstisch, weckt ihren Mann und die Tochter, um dann wortlos mit ihnen zu essen. Schwarzbrot und Butter und Marmelade. Das Radio bleibt aus. Doreens Vater ist kein Mann der großen Worte. Er ist stämmig und hünenhaft gewachsen. Er will überhaupt meist seine Ruhe haben.

»Lass den Papa mal in Frieden«, ist ein Satz, den Doreen sehr häufig hört. Sie hört ihn so häufig, dass sie irgendwann gar nicht mehr auf die Idee kommt, den Papa nicht in Frieden zu lassen. Und ein paar Jahre später, Doreen ist zwölf oder 13 Jahre alt, da wünscht sie sich nur noch, dass der Papa auch sie in Frieden lassen würde. Nach dem Frühstück geht der Vater zur Arbeit und Doreen zur

Schule, und abends, wenn alle wieder zu Hause sind, da richtet die Mutter das Abendessen her, und es wird noch immer nicht gesprochen. Nach dem Essen öffnet ihr Vater sein erstes Bier. Schweigen. Das zweite Bier. Schweigen. Und nach dem dritten Bier beginnt der Terror. Denn jetzt entlädt sich die stundenlange Stille nach und nach in einer gewaltigen Aggression. Doreen weiß das. Sie weiß, dass es immer nach dem dritten Bier passiert. Es steigert sich. Erst motzt ihr Vater. Wegen Kleinigkeiten. Die Küche ist noch nicht aufgeräumt, das Besteck nicht abgeräumt, oder das Kind ist zu laut. Irgendetwas findet er immer, nach dem dritten Bier. Doreens Mutter entschuldigt sich. Aber es bringt nichts. Wenn der Streit beginnt, geht Doreen in ihr Zimmer, legt sich aufs Bett und drückt sich ein Kissen auf ihren Kopf, damit sie das nicht hören muss.

Die Kindheit von Doreen F. ist ein Albtraum. Das ewige Schweigen. Das ewige Streiten. Der Alkohol und die Kälte. Doch Doreen beschwert sich nicht. Nicht bei ihren Eltern, vor denen sie sowieso zu viel Angst hat, nicht bei ihren Freunden, nicht bei ihren Lehrern. Doreen zieht einfach durch. Sie macht die Schule fertig und beginnt eine Ausbildung. Ihre Noten sind gut. Niemand ahnt, dass das ruhige Mädchen aus einem zerbrochenen Elternhaus stammt, dass der Alkohol das Zepter im Hause F. übernommen hat.

Doreen F. hat keine großen Ambitionen. Sie will einfach nur genug Geld verdienen, um einen eigenen Haushalt führen zu können. Sie will einfach nur weg von zu Hause. Sie wird Näh- und Webmaschinenführerin. Die Textilindustrie in den ostdeutschen Bundesländern boomt. Sogar im Westen werden Jeans aus ostdeutscher Produktion verkauft. Doreen zieht mit 20 Jahren aus. Nur am Sonntag besucht sie ihre Eltern zum Mittagessen. Man schweigt sich an. Dann geht sie wieder nach Hause. In ihr eigenes Zuhause.

*

Und dann kommt die Wende. Sie betrifft das Leben der Deutschen im Allgemeinen. Und das Leben von Doreen im Speziellen. Denn mit dem Niedergang der DDR beginnt auch der Niedergang der Textilindustrie. Die Landschaften blühen trotz gegenteiliger Versprechen noch nicht so wirklich auf, aber der Kapitalismus, der gedeiht ganz prächtig im Osten des Landes. Betriebe werden geschlossen, die Beschäftigten arbeitslos. Die ersten Vorboten des Niedergangs bekommt Doreen F. hautnah mit. Ein Ziegeleiwerk in ihrer unmittelbaren Nachbarschaft muss zumachen. Dieser Betrieb ist aufgrund der boomenden Bauwirtschaft ausgelastet und produziert neben einer Unmenge von Ziegeln auch schwarze Zahlen. Und dennoch wird er abgewickelt. Nur weil ein größerer, Not leidender Betrieb aus dem Westen für wenig Geld den Betrieb im Osten übernimmt, sich mit dessen Gewinnen saniert und dann den Ostbetrieb wegen Unrentabilität schließt. Ganz einfach. Es ist nicht die einzige Ungerechtigkeit, welche im Rahmen der Wiedervereinigung stattfindet. Es ist eher eine exemplarische Geschichte.

Einige Jahre später wird auch die Textilfabrik, in der Doreen F. arbeitet, geschlossen. Die Textilwaren, die ehemals in ihrem Betrieb produziert wurden, kommen nun aus Fernost. Aus Fabriken in China oder später dann aus Bangladesch, weil die großen Unternehmen dort sehr viel preiswerter produzieren als in Europa. Doreen F. ist jetzt arbeitslos. Sie ist Ende 40 und weiß, dass sie so gut wie keine Chance mehr hat, in ihrem Beruf wieder Fuß zu fassen.

Für Doreen beginnt der Weg durch die Instanzen. Sie macht die üblichen Prozeduren durch: Meldung beim Arbeitsamt – heute Jobcenter –, Umschulungen, 1-Euro-Jobs. Immer wieder und immer tiefer werden ihre Hoffnungen enttäuscht. Nein, es gibt keine Arbeit mehr für Doreen. Sie wird nicht mehr gebraucht. Das wirft sie aus der Bahn. An den Tagen, an denen sie zu Hause sitzt, plagen sie düstere Gedanken. Sie legen sich wie ein Schatten auf ihr Gemüt. Sie hat nichts mehr zu tun. Sie sitzt auf ihrer Couch und denkt nach, und je mehr sie nachdenkt, desto größer werden die Schatten. Um sie zu vertreiben, greift sie zur Flasche. Es beginnt mit einem Glas Rotwein am Tag. Zum Runterkommen. Um die Gedanken loszuwerden. Und aus einem Glas werden mehrere Gläser, und aus mehreren Gläsern werden ganze Flaschen. Und aus Doreen F. wird eine Alkoholikerin.

Sie lernt bald einen Mann kennen, mit dem sie zusammenzieht. Da sie nur noch Sozialhilfe empfängt, ist der Schritt notwendig. Ihre alte Wohnung, die sie seit so vielen Jahren gehabt hat, muss sie aufgeben. Das tut ihr weh. Es war ihr erste eigene Wohnung. Die Wohnung, mit der sie sich von ihren Eltern emanzipiert hat. Ihre Eltern sind mittlerweile gestorben, aber ihr Erbe lebt in Doreen weiter. Denn der Mann, mit dem sie zusammengezogen ist, ist selbst ein Alkoholiker. Er heißt Frank. Frank ist ein Teil des lokalen Trinkermilieus. So nennt er das. Trinkermilieu. Ein verniedlichendes Wort für eine Szene, deren Protagonisten Tag für Tag den Balanceakt zwischen Leben und Tod, zwischen Rausch und Bewusstsein vollbringen.

Doreen F. und Frank sind nicht die einzigen Alkoholiker in der Stadt. Es gibt viele Menschen, die sind wie sie. Und sie finden sich zusammen. Es gibt da merkwürdige Gestalten. Wie Johannes den Säufer. Johannes der Säufer ist ein übergewichtiger 40-jähriger Mann mit einer vernarbten Haut voller roter Pusteln. Er wohnt in der dritten Etage in einem Plattenbau. Sein Vermieter hasst Johannes den Säufer. Und seine Nachbarn hassen ihn auch. Wenn er ein- bis zweimal in der Woche seine Wohnungstür öffnet, erfüllt ein bestialischer Gestank das gesamte Treppenhaus, der sich auch nach dem Öffnen sämtlicher Fenster im Flur erst nach einem Tag wieder verflüchtigt.

Immer wieder gibt es Beschwerden. Aber wenn jemand an der Tür von Johannes dem Säufer klopft oder klingelt, macht er nicht auf. Aus Prinzip nicht.

Als Johannes sehr viele Jahre später stirbt, wird seine Wohnung von Männern in Vollkörperschutzanzügen geräumt. Sie schleppen Dutzende Mülltüten mit leeren Flaschen heraus. In seiner Wohnung werden auch die Überreste von toten Katzen gefunden.

Dann ist da noch Thomas. Thomas ist ein großer, schlanker Mann, mit langen blonden Haaren. Er sticht aus der Gruppe heraus, er ist nicht ganz so kaputt wie die anderen. Thomas ist Ende 30. Er hat einen festen Job. Er ist Hilfsarbeiter in einer Fabrik. Er verdient nicht viel, aber im Gegensatz zu den anderen Alkoholikern ist er zumindest kein Sozialhilfeempfänger. Thomas spricht nicht viel. Während die anderen ihre Geschichten Mal um Mal wiederholen, immer wieder erklären und rechtfertigen, wie sie zum Alkohol gekommen sind, behält Thomas seine Story für sich. Er hat Geheimnisse. Das merkt jeder. Aber niemand stört sich daran.

Die anderen merken auch, dass Thomas eigentlich nicht hier sein sollte. Nicht bei ihnen. Er hat noch genügend Ankerpunkte in seinem Leben. Er hat noch alle Chancen, aus dem Milieu herauszukommen, wenn er nur wollte. Aber er will nicht. Und niemand spricht so wirklich mit ihm darüber. Ist ja seine Sache.

Nur Doreen denkt oft über Thomas nach. Sie mag ihn. Die anderen Typen sind ihr weniger wichtig. Aber Thomas, den mag sie wirklich. Vielleicht, denkt sie einmal, vielleicht liebt sie ihn sogar. Dann trinkt sie den Gedanken weg. Sie hat ja ihren Frank.

Man trifft sich regelmäßig. Meist irgendwo am Hauptbahnhof. Dort sitzt man gemeinsam herum und erzählt sich alte Heldengeschichten. Geschichten von einem Leben, das besser war als die Gegenwart. Natürlich. Alles war besser als die Gegenwart. Die meisten

Erinnerungen an die Vergangenheit sind zwar getrübt, verklärt oder schlichtweg erfunden, aber das interessiert hier niemanden.

Auch Joe mit den Würmern im Bein ist ein Alkoholiker. Ein stadtbekannter Alkoholiker. Es gab in den vergangenen Jahren kaum einen Tag, an dem die Polizei ihn nicht aus dem Hauptbahnhof hinauskomplimentiert hat, nur damit er am nächsten Tag dort wieder auftauchen konnte. Der Hauptbahnhof ist sein Wohnzimmer. Das lässt er sich nicht nehmen. Wenn die Beamten kommen, nickt er ihnen zu. Er ist kooperativ. Er lässt sich von ihnen hochheben und hinauswerfen. Tag für Tag. Es ist die einzige Konstante, die er in seinem Leben hat. Die Polizisten hingegen sind verzweifelt. Sie kommen mit Atemmaske und Einweghandschuhen. Denn Joe ist so kaputt, dass er mehrere offene Geschwüre an den Beinen hat. Und in diesen Geschwüren tummeln sich die Maden.

Auf die Straftat des sogenannten Hausfriedensbruchs steht Freiheitsstrafe bis zu einem Jahr oder eine Geldstrafe. Vor Gericht laufen irgendwann 35 angezeigte Straftaten auf. Schließlich wird Joe mit den Würmern im Bein tatsächlich verurteilt. Zu einer Gesamtfreiheitsstrafe von einem Jahr. Sie setzt sich aus den vielen einzelnen Strafen zusammen, die Joe begangen hat. Er kommt in Haft. Zum ersten Mal. Und diese Haft verlängert sein Leben zumindest um einige Monate. Er wird ärztlich behandelt. Er erhält keinen Alkohol mehr. Bekommt drei Mahlzeiten am Tag. Hat auf einmal soziale Kontakte mit Mitgefangenen.

Als er aus der Haft entlassen wird, ist er ein neuer Mensch. Ein gepflegter, erkennbar vorzeitig gealterter Mann, dessen Bein mittlerweile verheilt ist. Joe scheint es geschafft zu haben. Er ist auf dem richtigen Weg. Aber nur vorläufig. Nach einigen Monaten wird er rückfällig. Und seine Alkoholsucht ist dieses Mal schlimmer als je zuvor.

Joe mit den Würmern im Bein ist ebenfalls eine Person, die Doreen beschäftigt. Sie denkt oft über diesen Mann nach. Über seine Kämpfe, die auch ihre Kämpfe sind. Nur dass sie bei Joe noch extremer ausfallen. Noch existenzieller. Sie sieht einen Teil von sich in ihm. Als sie sah, wie es ihm besser ging, da hatte sie Hoffnung, dass sie es vielleicht auch schaffen könnte. Dass sie wegkommen könnte vom Alkohol. Noch einmal neu anfangen.

Es bleibt bei den Gedanken. Bei den Wunschträumen. Doreen schafft es nicht, sich aufzuraffen. Vom Alkohol wegzukommen. Erst als sie sieht, wie Joe mit den Würmern im Bein endgültig abstürzt, noch tiefer fällt, als er je gefallen ist, mit dem Leben kämpft, da legt sich ein Schalter in ihrem Kopf um. Ihr wird klar, dass sie den Absprung schaffen muss. Endgültig. Sonst wird sie sterben. So wie Joe gerade stirbt. Es geht jetzt um alles. Und von heute auf morgen zieht Doreen tatsächlich die Notbremse. Sie geht in eine Entzugsklinik. Sechs Wochen lang.

*

Und sie geht nicht allein. Sie schafft es, ihren Freund zu überreden, dass er mitkommt. Frank ist wie Doreen, nur noch ein bisschen extremer.

Der Effekt, den der Alkohol auf ihn hat, ist kein guter. Frank verfällt zunehmend. Jeder sieht das. Er hat schnell zugenommen, wurde immer aufgedunsener, und seine Gesichtsfarbe ist aschgrau. Die Nase großporig vernarbt.

Er hat mehr getrunken als Doreen, und wenn er richtig betrunken war, dann wurde er aggressiv. Dann schrie er herum und zerstörte Dinge. Vielleicht weil Frank wusste, in welcher Lage er ist, dass es nicht gut für ihn aussieht und der Alkohol alles nur schlimmer macht, weil er aber auch wusste, dass er nicht die Kraft hatte, bisher wirklich nie die Kraft hatte, davon loszukommen. Vielleicht hat ihn das so wütend gemacht.

Doreen hat nie groß darüber nachgedacht. Sie kennt die Aggressivität. Es ist wie früher. Wie zu Hause. Wie bei ihrem Vater. Sie weiß, wie man damit umzugehen hat. Sie liebt Frank nicht wirklich. Frank ist einfach nur da. Und sie braucht jemanden, der einfach nur da ist. Eigentlich hat sie noch nie jemanden geliebt, dachte Doreen, wenn Frank wieder rumschrie. Und dann hat sie an Thomas gedacht und musste lächeln.

Sie ist froh, dass Frank mit ihr in die Entzugsklinik kommt. Dass er es auch noch einmal versucht. Es ist nicht die erste Therapie, die Frank macht. Er kennt die Entzugskliniken. Er hat es immer wieder versucht, aber nie geschafft. Ist Mal um Mal rückfällig geworden. Aber vielleicht, denken sie beide, vielleicht wird es dieses Mal funktionieren. Sie gehen ja zusammen in die Klinik. Sie werden sich gegenseitig motivieren. Und irgendwie werden sie es schon hinbekommen.

Als Doreen und Frank dann tatsächlich an der Pforte des schmucklosen Krankenhauses stehen, da hat Doreen zum ersten Mal seit vielen Jahren das Gefühl von Hoffnung in ihrem Herzen. Hoffnung, dass nun alles besser werden könnte.

Doch zunächst wird alles nur noch schlimmer. Die Therapie ist hart. Der Entzug kaum auszuhalten. Doreen hat körperliche Entzugserscheinungen. Sie beginnt zu frieren. Sich zu übergeben. Sie hat sogar Wahnvorstellungen. Sie sieht Dämonen, die miteinander kämpfen. Es ist so real. Sie weiß nicht, ob das jetzt wirklich passiert oder ob sie verrückt wird. Nach drei Wochen erholt sie sich langsam. Sie ist nun entgiftet. Und die Erholung fühlt sich gut an.

Das gute Gefühl hält 19 Tage an. Dann wird Frank schwach. Er greift zur Flasche. Über die Gründe denkt er oft nach. Vielleicht weil er ohne Alkohol keine Perspektive für sich sieht. Vielleicht weil er das Leben, das er lebt, in einem trockenen Zustand nicht ertragen kann. Und er zieht auch Doreen mit in den Abgrund. Auch sie fängt wieder an zu trinken. Als sie nüchtern gewesen ist, war das Leben ja auch nicht besser, sagt sie sich. Sie hatte auch nüchtern keinen Job, dafür tausend Gedanken im Kopf. Dass man sie nicht brauchen würde. Dass sie keinen Wert hätte. Dass ihr Leben sogar noch erbärmlicher sei als das ihrer Eltern. Von diesem Tag an trinkt Doreen noch mehr, als sie je zuvor getrunken hat.

*

Und dann ist Weihnachten. Man trifft sich, wo man sich immer trifft. Am Hauptbahnhof. Doreen hat einen Rucksack dabei. In dem Rucksack ist ihr Stoff. Zwei Flaschen Korn, drei Flaschen Bier. Korn trinkt sie gern. Er ist günstig und funktioniert. Das heißt: Er macht schnell betrunken. Um den Geschmack geht es Doreen schon lange nicht mehr, sie trinkt nicht, weil ihr der Alkohol schmeckt. Gerade an Weihnachten will sie sich betäuben. Da sind zu viele Gefühle, zu viele Gedanken, die sie bloß traurig machen.

Doreen nimmt einen großen Schluck aus der Flasche. Es ist nicht viel los. Eigentlich ist gar nichts los. An Weihnachten sind die Menschen bei ihrer Familie, bei ihren Nächsten. Am Hauptbahnhof, da sind nur noch die Übriggebliebenen. Die verlorenen Seelen. Die Menschen, die sonst keinen Platz mehr haben. Aber, so trösten sich die Alkoholiker-Freunde, zumindest hat man noch sich selbst.

Sie alle sind gekommen. Peter, Johannes der Säufer und Joe mit den Würmern im Bein. Und Thomas. Thomas hat einen schlecht bezahlten Job und eine kleine Zweiraumwohnung, die noch nicht komplett verfallen ist. Und weil er weiß, dass die anderen noch weniger haben, und weil Weihnachten ist, macht Thomas irgendwann den Vorschlag, dass doch alle zu ihm gehen könnten. Normalerweise machen sie das nicht. Normalerweise bleibt die Wohnung tabu. Aber an Weihnachten, da macht man eine Ausnahme. Und so zieht die ganze Clique gemeinsam zu Thomas.

Bei Thomas wird weitergesoffen. Das ist ja der einzige Grund dieser Zusammenkunft. Sich gemeinsam zu betrinken. Doreen ist schon ziemlich mitgenommen. Die erste Flasche Korn hat sie bereits intus. Dazu noch ein paar Bier. Sie schaut sich in der Wohnung um. Sie ist klein. Und einfach. Die Möbel verranzt, die Sofagarnitur abgewetzt. In einem winzigen Terrarium hält Thomas drei Ratten. In der Küche stapelt sich der Abwasch. Auf dem Küchentisch liegt ein verfaulter Apfel, aus dem Fruchtfliegen aufsteigen. Es stinkt. Es stinkt ganz fürchterlich. Aber das stört hier niemanden. Denn bei keinem der Anwesenden sieht es zu Hause besser aus.

Doreen setzt sich auf die Couch. Neben Thomas. Dann unterhalten sich die beiden. Thomas ist kein Mann der großen Worte, und trotzdem lockert der Alkohol seine Zunge. Doreen freut das. Sie fühlt sich so wohl wie schon lange nicht mehr. Sie würde gern mit Thomas schlafen, denkt sie.

Nur ihrem Freund gefällt die Zweisamkeit überhaupt nicht. Frank sitzt auf dem Boden und hat seine Frau genau im Blick. Seine Frau und diesen verdammten Thomas. Was läuft da? Ja, Frank ist eifersüchtig. Er denkt nach. Gab es nicht schon vorher Anzeichen dafür, dass seine Freundin diesem Thomas schöne Augen macht? Oder er ihr? Er öffnet eine neue Flasche Himbeergeist und ext sie. Mit jedem Schluck steigert sich die Wut, die Frank in seinem Bauch hat. Die Wut gegen Doreen. Die Wut gegen Thomas. Die Wut gegen sein ganzes Leben. Um kurz nach Mitternacht nimmt Frank einen letzten Schluck von einem offen herumstehenden Bier, steht auf und greift Doreen unvermittelt in den Nacken. Er packt sie und schmeißt sie vom Sofa auf den Boden. Doreen schreit.

»Halt deine Schnauze«, lallt Frank.

Dann zieht er seine Frau an den Haaren durch den halben Raum. Völlig unvermittelt öffnet er seine Hose. Dann befiehlt er seiner Frau, ihn oral zu befriedigen.

»Bitte nicht«, sagt Doreen. Sie ist kaum bei Sinnen. Alles dreht sich. Sie hat viel getrunken. Sie will sich wehren, aber sie hat schon Probleme damit, sich überhaupt zu orientieren.

Dann packt Frank sie wieder an den Haaren und zieht sie hoch. Er gibt Doreen zwei Ohrfeigen. »Du tust, was ich sage«, befiehlt er. Die anderen Männer schauen zu. Keiner sagt etwas. Frank will ihnen etwas demonstrieren. Er will ihnen demonstrieren, wem Doreen gehört.

Als Frank befriedigt ist, schubst er Doreen weg. Er prahlt damit, wie geil seine Frau doch sei. Keiner der anderen Männer sagt etwas. Keiner der anderen Männer greift ein, als Frank ihr mit der Faust noch einmal völlig grundlos ins Gesicht schlägt.

»Ein paar Streicheleinheiten«, sagt er und lacht.

Er öffnet noch eine Flasche Korn und reicht sie herum. Seine Frau liegt noch immer wimmernd auf dem Boden. Frank schaut sie an. Er verachtet sie. Was hat sie auch mit diesem beschissenen Thomas geflirtet, denkt er sich. Das hat sie nun davon. Aber nein, es reicht nicht. Sie braucht eine richtige Lektion. Frank überlegt einen kurzen Moment. Dann hat er eine Idee. Er zieht seine Frau auf das Sofa und reißt ihr die Hose runter.

»Na los«, sagt er zu den anderen Männern. »Nehmt sie euch. Sie ist geil. Sie braucht das.«

Die anderen Männer schauen ihn unsicher an. Dann sehen sie auf Doreen. Sie liegt benommen auf der Couch. Ohne Hose. Die Schläge und der Alkohol haben sie völlig schachmatt gesetzt. Die Männer schauen sie an. Sie trinken. Keiner sagt etwas.

»Was ist?«, fragt Frank aggressiv in die Runde. »Ihr steht doch auf meine Alte. Nur los.«

Thomas nimmt einen großen Schluck Bier. Dann zieht er seine Hose runter und legt sich auf Doreen und penetriert sie. Doreen kriegt das nicht mehr richtig mit. Sie sieht nur Schemen. Und Schatten. Und sie spürt Schmerzen. Dann erkennt sie Thomas. Das wollte sie doch so. Oder nicht? Dann hat sie noch diesen Gestank in der Nase. Ist das Joe, fragt sie sich? Joe mit den Würmern im Bein? Ihr ist schlecht. Sie spürt, wie sich ein weiterer Mann auf sie legt. Wie ein Mann ihr seinen Penis in den Mund drückt. Wer, das weiß sie nicht.

Passiert das gerade wirklich, fragt sich Doreen? Oder träumt sie das? Sie hat keine Kraft, sich zu wehren. Sie ist so müde. So schwach. Sie will nur schlafen. Sie schließt die Augen, und über sie legen sich die Schatten ihres Lebens.

Der Prozess

Es war ein ungewolltes Wiedersehen. Als Doreen vor dem Landgericht erschien, da sah sie ihre ehemaligen Bekannten alle wieder. Sie saßen auf der Anklagebank. Es war mittlerweile Mitte September. Etliche Monate waren verstrichen, aber geändert hatte sich kaum etwas.

Die Anklage gegen die vier mutmaßlichen Täter lautete: gemeinschaftlich begangener schwerer sexueller Missbrauch. Vergewaltigung. Auf dieses Verbrechen stand eine Freiheitsstrafe von mindestens zwei bis maximal 15 Jahren. Für jeden einzelnen. Nur einer war nicht gekommen. Joe mit den Würmern im Bein. Er konnte nicht mehr angeklagt werden, denn er war inzwischen gestorben. Leberzirrhose. Seine Organe hatten versagt. Zwei Monate lag er noch im Koma. Dann verstarb er. Wenige Tage bevor der Prozess begann.

Der Prozess begann mit der Zeugenaussage von Doreen F. Sie trat unsicher in den Saal, setzte sich auf den Stuhl in der Mitte des Saales hinter den kleinen Tisch. Sie sprach langsam und stockend über ihre Vergangenheit, ihren Absturz als Alkoholikerin, darüber, wie sie Frank kennengelernt hatte. Wie sie ihn lieben gelernt hatte. Es fiel ihr schwer, flüssig zu sprechen. Aber alles machte Sinn. Sie brauchte nur ein bisschen Zeit. Für viele Menschen ist es eine Stresssituation, vor Gericht auszusagen. Sie brauchen ein bisschen, bis sie »warm werden« und von der eigentlichen Tat erzählen können.

Schließlich ging es also um die Nacht. Um die Nacht, in der Doreen F. vergewaltigt wurde. Sie sollte etwas zu den Taten erzählen. Was die Männer mit ihr getan hatten. Wer wann und wo und was gemacht hatte. Bei der Polizei hatte sie am Morgen nach der Tat zwar eine Zeugenaussage getätigt, aber deren Details bekam sie vor Gericht nicht mehr zusammen. Doreen hatte, wie viele Opfer das tun, ihre Erlebnisse verdrängt. Verdrängt, um sie zu vergessen. Sie konnte zwar noch grob erzählen, was geschehen war, aber zu konkreten Details fehlte die Erinnerung. Sie war schließlich selbst erheblich alkoholisiert gewesen. Sie erzählte, dass sie irgendwann das Bewusstsein verloren habe. Sie konnte den Tathergang nicht mehr richtig schildern.

Das Gericht und die Verteidiger fragten und fragten. Die Verteidiger deckten jeden Widerspruch auf. Schließlich war Doreen so verunsichert, dass sie nur noch mit den Schultern zuckte. Die Aussage, die sie bei der Polizei gemacht hatte, brach in sich zusammen. Vielleicht, sagte sie, vielleicht wollte ich den Sex mit Thomas ja auch. Sie wusste es nicht mehr. Sie war so konfus und unsicher, dass sie nicht mehr sicher wusste, ob sie die Schläge vor oder nach dem Sex bekommen hatte.

Das Landgericht gab sich Mühe, den Sachverhalt aufzuklären. Die Richter, ich eingeschlossen, waren sich alle ganz sicher – da war etwas geschehen. Nur konnten wir nicht genau feststellen, was tatsächlich es war. Denn Doreen war die einzige Zeugin. Und sie war nicht mehr in der Lage, gerichtsverwertbar auszusagen.

Auch als sie im Zeugenstand saß, war sie alkoholisiert. Das merkten wir sofort. Sie sagte, sie habe sich Mut antrinken müssen, sonst hätte sie es nicht geschafft, an diesem Tag vor Gericht zu erscheinen und auszusagen. Immer wieder versuchten wir von ihr eine klare Aussage zu erhalten. Wer hatte wann was, wo und wie mit ihr gemacht? Aber

Doreen konnte nicht. Sie konnte sich nicht sicher erinnern. Sie erzählte und verwickelte sich in Widersprüche. Sie konnte nicht immer zwischen Vermutung und Realität unterscheiden. Zu sehr waren ihre Sinne in dieser Nacht durch den Alkohol vernebelt gewesen.

Die Angeklagten bestritten alle, Doreen vergewaltigt zu haben. Thomas erklärte dann sogar, dass sie an diesem Abend mit ihm habe schlafen wollen. Das hielten wir ihr vor und fragten, ob es stimmen würde. Doreen antwortete leise, wenn Thomas sie an diesem Abend gefragt habe, hätte es mit ihm durchaus freiwillig passieren können. Die nächste Frage des Gerichtes musste gestellt werden: »Hat der Angeklagte sie an diesem Abend gefragt, ob er mit Ihnen Geschlechtsverkehr haben kann?«
Der Blick von Doreen war in diesem Augenblick verzweifelt, wanderte hinüber zu Thomas, dann wieder zum Gericht. Schließlich senkte sie die Augen und sagte leise: »Ich weiß es nicht mehr.«
Und so hatten wir keine andere Wahl, als die Angeklagten freizusprechen. In dubio pro reo. Im Zweifel für das Recht – im Zweifel für die Angeklagten. Wir hatten keine Beweise.
Als wir das Urteil sprachen, nahm Doreen F. es gar nicht richtig wahr. Sie saß auf der Bank und blickte ins Leere. Doreen F. war eine gescheiterte Existenz. Sie war kein schlechter Mensch. Kein böser Mensch. Sie war auch kein fauler Mensch, kein Mensch also, der unwillig gewesen wäre, sich in die Gesellschaft zu integrieren. Doreen F. war einfach nur krank. Alkoholkrank. Und diese Krankheit hatte sich über ihr Leben gelegt wie ein großer, dunkler Schatten. Ein Schatten, der einfach nicht verschwinden wollte. Ein Schatten, der sie von Kindheit an verfolgte. Ein Schatten, der sie einfach verschluckt hatte. Und die Gerechtigkeit blieb an diesem Tag auf der Strecke. Das wussten wir alle.

*

Ein Jahr, nachdem das Urteil gesprochen wurde, hatte ich eine Begegnung, die mich noch lange verfolgte. Es war ein schöner Mittwochnachmittag, und ich war gerade auf dem Weg zur Bushaltestelle. Meinen letzten Fall für diesen Tag hatte ich bereits verhandelt, der Papierkram war zum größten Teil erledigt. Ich hatte Feierabend. Die Haltestelle war nicht weit vom Gericht entfernt. Der Himmel war blau. Keine Wolken. Ein schöner Tag. Ich ging, in Gedanken versunken, in der Mitte des Gehweges, als ich plötzlich sah, wie mir in einer Entfernung von vielleicht 30 Metern ein Mann entgegenkam. Höflich begab ich mich an den rechten Rand des Gehweges. Der Mann tat es mir nach. Bestimmt ein Zufall, dachte ich und ging auf die linke Seite. Ich dachte über meinen letzten Fall nach. Ich hatte einen Vorsatz – keine Fälle gedanklich mit nach Hause nehmen. Aber das war leichter gesagt als getan. Oft beschäftigten mich die Fälle doch. Sie belasteten mich.

Ich schaute auf. Der Mann vor mir hatte nun auch auf die linke Seite des Gehsteigs gewechselt. Er kam direkt auf mich zu. Er suchte offenbar die Konfrontation. Nun schaute ich genauer hin. Der Mann war wirklich groß. Bestimmt 1,90 Meter, er hatte breite Schultern, ein T-Shirt und seine Arme waren voller dunkler Tätowierungen. Sein Gesicht war braun gebrannt und zerfurcht. Er hatte blaue Augen. Stechend blaue Augen. Und dann stand er vor mir. Mitten auf dem Weg. Ich kam nicht vorbei. Er überragte mich um einen Kopf. Ich schaute auf, schaute direkt in sein Gesicht. Ich hatte das Gefühl, dass sich mein Herz in diesem Augenblick abwärts in die Magengegend verabschiedet hatte.

»Kennen Sie mich noch«, donnerte mir eine tiefe Stimme entgegen. Ich schaute in das Gesicht, versuchte mich zu erinnern, und … hatte keine Ahnung, wer dieser Mann war. Ich wusste es wirklich nicht.

»Es tut mir leid, ich habe mit so vielen Menschen zu tun, ich kann mich nicht an Sie erinnern«, antwortete ich wahrheitsgemäß. Aber ich konnte mir natürlich denken, worum es ging. Ich hatte da eine

Befürchtung. Ein ehemaliger Straftäter, der sich an mir rächen wollte. Aber nein. Es kam anders.

»Sie haben mich damals freigesprochen«, sagte der Riese, nickte, klopfte mir auf die Schulter und ging dann seitlich an mir vorbei. Und in diesem Moment erkannte ich ihn. Es war Thomas. Der Mann, in den Doreen vielleicht ihre letzte Hoffnung gelegt hatte. Der Mann, der sie trotzdem missbrauchte. Er hatte mich wiedererkannt, mich, einen von fünf Richtern, der auf der Richterbank gesessen und geurteilt hatte. Er hatte sich anscheinend bei mir bedanken wollen.

Es war nicht meine letzte Begegnung mit ihm. Ungefähr eineinhalb Jahre später sah ich ihn zum vorerst letzten Mal. Wir hatten einen kleineren Fall zu verhandeln. Eine gefährliche Körperverletzung. Es ging um eine Schlägerei auf dem Bahnhofsvorplatz, und die Beteiligten dieser Schlägerei waren Protagonisten aus dem Trinkermilieu. Dabei sollte unser Angeklagter sein Opfer mit einer Bierflasche bewusstlos geschlagen haben. Der Angeklagte bestritt die Tat. Er habe den Zeugen auf keinen Fall verletzt, beschwor er auf der Anklagebank.

Und der angeblich verletzte Zeuge war dieses Mal Thomas. Und wieder hatte ich Probleme, ihn zu erkennen. Sein Gesicht war mittlerweile völlig eingefallen. Seine Haut war pockennarbig. Er hatte überall rote Pusteln. Seine Haare waren fettig, auf seinem schwarzen Shirt waren zahlreiche Flecken. Er sah schlecht aus. Als ich ihn nach seinen Personalien fragte, hatte er extreme Schwierigkeiten zu antworten. Sein Geburtsdatum bekam er nicht mehr hin. Sein Blick war glasig. Sein Kopf schien keinen festen Halt zu haben. Fragen zur Tat? Thomas konnte sich an nichts erinnern. Er litt an dem sogenannten Korsakow-Syndrom – er hatte sich seinen Verstand durch den vielen Alkohol zerstört.

Unser Gericht war sich sicher, dass Thomas das Opfer eines gezielten Schlages geworden war. Doch ohne seine Erinnerung kamen wir auch hier nicht weiter.

Eine weitere Zeugin, die nichts aussagen konnte, war Doreen. Sie war kurze Zeit nach ihrer Verhandlung wieder zu den alten Kumpanen zurückgekehrt. Teufel Alkohol.

Die Tat

Für die Klärung eines Falls sind Zeugen in der Regel unerlässlich. Aber jeder Jurist weiß: Zeugen sind unzuverlässig, das schlechteste Beweismittel in einem Prozess. Das gilt nicht bloß für Alkoholiker und Drogenabhängige. Es gilt für jeden Menschen. Fragt man vier Zeugen nach einem Tathergang, wird man vier verschiedene Antworten bekommen. In der Kriminalistik ist das ein längst bekanntes Phänomen. Es liegt an der menschlichen Natur zur Schlussfolgerung. Der klassische Fall: Ein Vater geht mit seinem Sohn über eine sommerliche Wiese. Sie gehen unter einem Apfelbaum entlang. Plötzlich hören sie ein Geräusch. Hinter ihnen fällt ein Apfel durch die raschelnden Blätter auf den Boden. Beide drehen sich um und sehen den goldenen Apfel unter dem Baum liegen. Jetzt werden beide befragt, was passiert ist.

Der Vater sagt: Ich bin mit meinem Jungen an dem Baum vorbeigegangen, als plötzlich ein Apfel auf den Boden fiel.

Der Sohn sagt: Ich bin mit meinem Papa unter dem Baum durchgegangen. Dann hörte ich ein Rascheln, dann ein leises »Plumps«. Dann drehten wir uns um. Und plötzlich lag da ein Apfel unter dem Baum.

Die Geschichten klingen ähnlich. Aber tatsächlich hat nur der Sohn eine korrekte Aussage getroffen. Der Vater hat geschlussfolgert, dass der Apfel heruntergefallen ist. Aber er hat es nicht mit eigenen Augen gesehen.

Dem Gericht ist die Unzuverlässigkeit der Zeugen bewusst. Ein Richter ist bemüht, möglichst viele Informationen einzuholen, um dann eine möglichst realitätsgetreue Rekonstruktion des Falles hinzubekommen. Ein Gerichtsprozess ist immer auch der Versuch, zum Kern der Wahrheit durchzudringen.

KAPITEL 8

Fernando und die Diebesbande

Straftatbestände:
Diebstahl oder Raub?
(§ 243 StGB oder 249 StGB)

Die Geschichte

An Tagen wie diesen entscheidet sich Sieglinde H. für den schönen Weg. Es herrscht Kaiserwetter. Die Sonne heiß, der Himmel blau, und die Menschen auffällig gut gelaunt. An Tagen wie diesen geht Sieglinde H. den Weg um den Schwanenteich.

Sieglinde H. ist 87 Jahre alt und der Schwanenteich ein kleiner See, nicht weit vom Hauptbahnhof entfernt. Hier gibt es Schwäne und Boote, die aussehen, als wären sie Schwäne. Im Sommer grillen Jugendliche und Familien auf der großen Wiese, es riecht nach frischem Fleisch und scharfen Gewürzen. Jetzt am Vormittag allerdings riecht es nur nach Sommer, es ist noch zu früh.

Sieglinde H. mag den Schwanenteich. Sie mag die Natur, die ein schöner Kontrast ist zu den grauen Häuserblocks, in denen sie wohnt. Eine Hochhaussiedlung am Rande der Stadt. Ihre Nachbarn sind meist Migranten. Russlanddeutsche. Menschen, die genauso wenig Geld wie Sieglinde haben. Sieglinde ist Rentnerin, ihr Mann ist vor Langem gestorben, und von ihrem Geld bleibt ihr nur das Nötigste. Rücklagen hat sie keine mehr. Größeren Spielraum zum Sparen auch nicht. Aber was ihr geblieben ist, tröstet sich Sieglinde, ist die Erinnerung an ein reiches Leben. Einen Teil der Erinnerungen hat sie in ihrem Kopf, den anderen Teil trägt sie immer bei sich in ihrem Portemonnaie. In Form von Fotos, von alten, fast schon vergilbten Bildern.

Sieglinde geht an der großen Freiluftbühne vorbei. Sie bleibt kurz stehen und atmet tief ein. Saugt die Erinnerungen auf, die sie überkommen. Erinnerungen an ihre Jugendzeit, als sie noch mit ihren Freunden zum Picknicken hierhergekommen ist. Jedes Wochenende waren sie hier. Mit einem Handtuch lagen sie auf der Wiese, und an einem dieser Tage, da fragte sie ein Mann, ob er sich zu ihr setzen dürfe. Er hieß Georg. Und Georg war ein echter Gentleman. Er machte Sieglinde Komplimente. Er machte Späße. Er ging mit ihr in den See. Zumindest die Füße hielten sie rein. Und am Ende des Tages brachte er sie nach Hause und gestand ihr, dass er sich in sie verliebt habe. Sieglinde lachte zunächst nur. Aber sie trafen sich wieder. Und irgendwann verliebte sie sich auch in ihn.
Sie verliert sich gern in ihren Erinnerungen. Gerade an so ruhigen Tagen wie heute. Sieglinde ist alt. Das weiß sie. Die guten Tage, die liegen hinter ihr. Aber von ihnen kann sie heute noch zehren. Sie steuert eine Parkbank an. Direkt am See, im Schatten eines Baumes. Hinter sich hört sie Schritte. Sie geht ganz instinktiv ein klein wenig zur Seite. Macht Platz für die Jüngeren, die sie wohl überholen wollen. Dann denkt sie wieder an Georg. An ihren Ehemann. Ach,

Georg. Was würde sie dafür geben, noch einmal mit ihm hier an diesem See zu sein. Eine Runde zu drehen. Seine Hand zu halten. Einfach seine Anwesenheit zu spüren. Aber Georg ist schon seit vielen Jahren tot. Das Alter, dann der Krebs. Eine schlechte Kombination. Und plötzlich spürt Sieglinde einen Ruck. Schlagartig wird sie aus ihren Gedanken gerissen. Jemand zieht an ihr. An ihrer Handtasche. Der Riemen rutscht ihr von der Schulter, und die ganze Tasche entgleitet ihr. Sieglinde weiß nicht, was da gerade passiert, aber instinktiv hält sie die Tasche und den Henkel fest. Umklammert sie reflexartig. Dann sieht sie, wie ein junger Mann an ihr vorbeiläuft. Er reißt ihr die Tasche mit einem gewaltigen Ruck aus der Hand. Die Henkel reißen. Sieglinde stürzt. Sie fällt der Länge nach auf den harten steinigen Weg, in der Hand noch die Reste des Henkels. Sie hat nicht einmal richtig verstanden, was gerade passiert, als der junge Mann vor ihren Augen wegläuft. Für den nächsten Passanten wird er wie ein Jogger aussehen.

Sieglinde stößt einen lauten Schrei aus. Aber der junge Mann lacht nur.

*

An Tagen wie diesen wacht Fernando Z. mit sehr viel Wut im Bauch auf. Es herrscht Kaiserwetter. Die Sonne heiß, der Himmel blau und die Menschen auffällig gut gelaunt. Nur Fernando hat keine gute Laune. Die hat er schon lange nicht mehr. Irgendwann in den vergangenen Jahren hat der 18-Jährige sein Lachen verloren. Er weiß selbst nicht mehr genau, wann das passiert ist. In seiner Kindheit? In seiner Jugend? Oder geschah es erst in den letzten Monaten, als die Sachen, die er machte, immer extremer wurden? Er weiß es nicht, er denkt nicht groß über diese Dinge nach. Er denkt sowieso ungern über die Vergangenheit nach. Fernando denkt lieber an die Zukunft. Die Zukunft wird besser sein. Das redet er sich ein. Tag für Tag. Um die ziemlich beschissene Gegenwart, die nur die Fortsetzung seiner Vergangenheit ist, hinter sich lassen zu können.

In den Augen von Fernando ist sein Leben von Ungerechtigkeit geprägt. Die Sonne scheint immer nur für die anderen, nie für ihn. So ist es schon immer gewesen. Fernando hat nie genug gehabt. Nicht genug Geld, um das tun zu können, was die anderen Kinder tun. Er konnte sich keine Playstation leisten. Er hatte keinen Computer. Und wenn die anderen Jungs aus seiner Klasse am Wochenende durch die Stadt zogen, blieb Fernando zu Hause, weil sein Taschengeld nicht ausreichte, um mit Freunden ins Kino zu gehen.
Und Fernando bekommt nicht genug Liebe. So empfindet er das zumindest. Sein Vater ist ständig nur am Arbeiten. Ärgerlich genug, denn es bleibt von der vielen Arbeit ja nichts übrig, denkt sich Fernando.
Sein Vater ist Kubaner. Zu Zeiten der DDR gab es ein Abkommen mit dem ebenfalls sozialistischen Kuba, damit Gastarbeiter relativ problemlos einreisen konnten. In den frühen 1970er-Jahren kam also sein Vater mit dem ehrgeizigen Plan nach Deutschland, hier sehr viel Geld zu verdienen. Er ist gelernter Handwerker. Eigentlich gab es gerade keinen Job für ihn. Weil es in der DDR aber nicht sein konnte, dass es keine Jobs gibt, bekam er einfach einen anderen Job zugeteilt. Er wurde Facharbeiter für Fertigungsmittel. Er hatte keine Ahnung von dieser Art von Arbeit, aber man lernte ihn schnell an. Und Fernandos Vater macht, was man ihm sagt. Er arbeitet hart.
Und irgendwann lernte er eine Frau kennen, eine Friseurin. Er wollte sich die Haare schneiden lassen und hatte kein Handtuch mitgebracht, weil er nicht wusste, dass man in der DDR sein eigenes Handtuch zum Friseur mitbringen musste. Sie lieh ihm eins, und er lud sie als Dankeschön zum Kaffee ein. Er wusste nicht, dass es zu diesem Zeitpunkt auch keinen richtigen Kaffee in der DDR gab. Als sie ihn aufklärte, musste er lachen. Ihr gefiel sein ungläubiges

Staunen über ein Land, das ihr genauso fremd geblieben war wie ihm. Das brachte die beiden einander näher. Sie verliebten sich. Sie heirateten. Und sie bekamen vier Kinder. Fernando ist der Jüngste.

*

Die Familie wohnt noch heute in einem schlechten Arbeiterviertel im Plattenbau. Es ist dasselbe Viertel, in dem Sieglinde H. wohnt, aber man kennt sich nicht. Vielleicht hat man sich einmal beim Einkaufen gesehen. Gesprochen hat man nie miteinander. Die Menschen in dieser Siedlung bleiben unter sich. Sie haben mehr als genug mit ihren eigenen Problemen zu tun. So ist das hier.
Fernando fühlt sich benachteiligt. Vom Leben. Von seinen Eltern. Und ganz besonders von seiner Mutter. Denn die ist irgendwann verschwunden, einfach so. Es muss kurz vor der Wende gewesen sein. Vielleicht ist sie zu ihren Verwandten nach Westdeutschland geflüchtet. Vielleicht ist sie von der Stasi auf der Flucht erschossen worden. Zumindest vermutet das Fernandos Vater. Über die Möglichkeit, dass sie einfach abgehauen ist, dass sie mit einem anderen Mann durchgebrannt ist, darüber spricht man zu Hause nicht. Davon will sein Vater nichts hören.

Der Vater von Fernando gibt sich Mühe. Er versucht sein Bestes, aber manchmal ist das Beste nicht gut genug. Schon gar nicht, wenn man einen Sohn wie Fernando hat. Fernando ist fordernd. Seine Geschwister hingegen akzeptieren ihre Lage. Sie versuchen ihre Schule gut durchzuziehen, um bald ihr eigenes Geld verdienen zu können. Sie lieben ihren Vater, denn sie sehen, dass er ein herzensguter Mann ist. Ein Mann, der sich wirklich viele Gedanken macht. Aber von guten Gedanken kann man sich auch nichts kaufen. Er verdient gerade genug, um über die Runden zu kommen.
Fernando will mehr. Er findet, dass ihm das zusteht. In der Schule

ist er nicht gut. Er gibt sich keine Mühe. Lernen interessiert ihn einfach nicht. Aber die Schuld für seine schwachen Leistungen gibt er ebenfalls seinem Vater. Als Fernando mit Mühe und Not seinen Hauptschulabschluss absolviert, sagt ihm sein Vater zu, dass er bei ihm im Betrieb eine Lehre machen könnte. Doch daraus wird nichts. Der Betrieb geht pleite. Für Fernando ist das in Ordnung, denn dann muss er seinem Vater nicht erklären, dass er sowieso kein Facharbeiter für Fertigungsmittel werden will.

Fernandos Vater hingegen muss sich von nun an mit Gelegenheitsjobs rumschlagen. Er hat zwar mehr Zeit für seine Kinder, aber dafür weniger Geld in der Tasche. Es macht kaum einen Unterschied. Die Familie ist Entbehrungen gewohnt.

Eines Tages beschließt Fernando, etwas zu verändern. Fernando respektiert seinen Vater nicht. Das tut er schon lange nicht mehr. Für ihn ist sein Vater ein Anti-Vorbild. Er will niemals so werden wie er. In seinen Augen ist sein Vater schwach. Seinem Vater wird alles genommen, aber er selbst ist nicht in der Lage, sich etwas zu nehmen. Das will Fernando anders machen. Er will sich nehmen, was ihm zusteht. Klamotten zum Beispiel. Fernando reicht es nicht mehr, bloß die abgelegte Kleidung seiner beiden großen Brüder zu tragen. Er will einen eigenen Pullover haben. Also nimmt er sich einen. In einem Textildiscounter rollt er mit 15 Jahren einen hellblauen Nike-Sweater zusammen, packt ihn in eine Tüte und verlässt den Laden. Ganz unauffällig. Sein Herz schlägt so heftig, dass Fernando glaubt, jeder im Umkreis von 25 Metern müsste es hören. Aber niemand hört sein Herz schlagen. Und niemand sieht, wie Fernando den Pullover klaut. Er kommt durch. Er wird nicht erwischt. Er atmet tief durch und bringt seinen neuen Pullover nach Hause.

Niemand fragt ihn, wo er das neue Kleidungsstück her hat. Seinem Vater fällt der Pullover wahrscheinlich nicht einmal auf. Er hat keine Augen für Fernando, und für Fernando ist das okay, denn er hat

auch keine Augen mehr für seinen Vater. Er ist nun in der Lage, sich selbst zu versorgen. Das hat er doch gerade eindrucksvoll bewiesen. Stolz zieht er sich sein neues Kleidungsstück an und posiert damit in der Nachbarschaft. Nike. Eine echte Marke.
Es bleibt nicht bei dem Pullover. Fernando hat Blut geleckt.

Nach und nach klaut sich Fernando einen Kleiderschrank voll zusammen. Er hat jetzt neue Shirts. Neue Sweater. Und neue Schuhe. Fernando verändert sich. Er wird ein neuer Mensch. Und er hat plötzlich ein Selbstbewusstsein, das er vorher nicht hatte.
Natürlich fragt er sich, ob er das Richtige tut. Dinge stehlen. Das ist Unrecht. Das weiß er. Aber er nimmt ja nur von denen, die sowieso genug haben. Als ob es einen Klamottenladen ernsthaft stört, wenn da ein Pullover weniger in der Auslage liegt. Die reichen Bonzen haben sowieso genug. Fernando hat sich seine Moral gebastelt. Und er richtet sich in ihr ein. Fernando ist jetzt ein Dieb. Ein Kleinkrimineller.

*

Und Fernando findet gleichgesinnte Freunde. Deutsche Freunde. Jungs aus der Nachbarschaft, die aus demselben Viertel kommen wie er. Sie alle eint, dass sie Geld verdienen wollen. Und keine wirkliche Perspektive haben. Zumindest reden sie sich das ein. Sie reden sich ein, dass »die Gesellschaft« sie unten halten will. Dass man ihnen keine Chance gibt, aber das stimmt nicht. Sie haben jede Chance der Welt. Sie sind nur zu geblendet von ihrem Selbstmitleid, um diese Chancen zu sehen. Zu geblendet von der Moral, die sie sich gebaut haben. Sie klauen jetzt regelmäßig. Von Tag zu Tag werden sie professioneller.

Die Clique hat nur noch ein Gesprächsthema. Geld machen. Es geht um nichts anderes mehr. Fernando durchschaut schnell, wie es läuft.

Er weiß, in welchen Läden er klauen kann und was sich aus den geklauten Gegenständen herausholen lässt. Schmuck und Armbanduhren lassen sich über Ebay verticken. Handys und Elektronikwaren über Pfandleihhäuser.

Allerdings ist das Risiko groß. In der Stadt, in der Fernando wohnt, gibt es nicht viele Pfandleihhäuser. Er weiß, dass er irgendwann auffallen wird. Auch wenn er und seine Freunde sich mit dem Verkauf abwechseln. Und es gibt noch ein anderes Problem. Das Risiko. Das beschäftigt Fernando am meisten. Je öfter er in einem Geschäft etwas mitgehen lässt, desto größer werden die Risikofaktoren. In den Zeitungen wird berichtet. In den Läden werden die Sicherheitsstandards hochgesetzt. Und auch die Abnehmer der Waren werden vorsichtiger. Jeden Tag, wenn Fernando mit seinen Freunden zusammensitzt, denken sie darüber nach, wie sie dieses Risiko klein halten können. Der Gedanke an das Risiko bestimmt nun das gesamte Denken von Fernando. Die Stimme in seinem Kopf, die nach der Moral seiner Taten fragt, wird immer leiser. Es findet eine Ökonomisierung seiner Taten statt. Die Taten müssen effektiver werden.

Also beginnen Fernando und seine Jungs die Sache mit den Handtaschen. Sie fassen einen Plan: Sie werden in den Park gehen, sich ein Opfer ausspähen und diesem Opfer in einem günstigen Moment die Tasche aus den Händen reißen. Ein günstiger Moment ist ganz einfach ein Moment ohne Zeugen.

Die Jungs sitzen im Stadtpark. Sie beobachten die Menschen. Und als sie eine junge Frau mit Kinderwagen sehen, eine Frau, die ganz allein über die Wiese läuft, da nicken sich die Jungs zu, und Fernando geht los. Er geht der Frau nach. Langsam. Unauffällig. Er hält genau so viel Abstand, dass seinem Opfer nicht auffällt, dass es verfolgt wird. Er schaut sich noch einmal um. Sein Herz schlägt nicht mehr so laut wie damals, als er den Pullover stahl. Dennoch spürt er, wie das Adrenalin durch seinen Körper schießt.

Dann schlägt er zu. Er beschleunigt seine Schritte, reißt der Frau die Tasche von der Schulter und setzt zu einem Sprint an. Er läuft direkt in den Wald neben der großen Wiese, schlägt ein paar Haken, versteckt sich hinter einem der Bäume und öffnet die Tasche. Er holt das Bargeld heraus. Den Rest schmeißt er weg. Risikofaktoren vermeiden. Die Polizei soll ihn nicht mit der Tasche erwischen. Das Geld, könnte er sagen, das Geld sei sein eigenes. Dann macht er einen kleinen Umweg und kehrt zu seinen Jungs zurück. Sie schlagen ab.

»Sauber!«, sagt Sebastian und klopft Fernando auf die Schulter. Dann wird die Beute gezählt. 230 Euro. Nicht schlecht. Aber auch nicht wirklich gut.

»Dafür ist es sicher«, beharrt Fernando. »Im Park gibt es keine Videokameras. Keine Zeugen. Keine Hehler, die misstrauisch werden und die Polizei rufen könnten.« Fernando teilte das Geld mit den anderen. »So machen wir es jetzt immer«, sagt er. »Schnelles, risikoloses Geld.«

Und so ist die Handtaschen-Masche geboren. Jeden Tag pendeln die Jungs durch die Parks der Stadt. Sie wechseln sich ab. Jeder muss einmal ran. Nach und nach veredeln sie ihre Methodik. Es ist nicht immer möglich, den absoluten Überraschungseffekt zu nutzen, wie am ersten Tag. Oft reagieren die bestohlenen Frauen instinktiv und halten ihre Tasche fest. Dann müssen die Jungs ihre Stärke einsetzen. Sie müssen so hart an der Tasche ziehen, dass die Riemen kaputtgehen. Dass die Henkel reißen. Es gilt immer, die Tasche direkt zu packen.

Die Jungs lernen. Sie lernen, dass die Frauen mehr Widerstand leisten, wenn sie jünger sind. Eine hat Fernando sogar einmal ein paar Meter verfolgt. Sie konnte ihn nicht einholen, aber das Erlebnis hat ihn nachdenklich gemacht. Das ist wieder ein Risikofaktor. Fernando hasst Risikofaktoren. Also beschließt die Bande, künftig möglichst wehrlose Frauen auszurauben. Je älter desto besser. Für Fernando sind die Frauen keine Frauen mehr. Keine Individuen. Für ihn sind sie Beute. Dass hinter der Beute Menschen stehen, das blendet er aus. Er ist wie im Wahn. Er will einfach nur sein Geld verdienen, und er verdient nun sein Geld. Und sein Vater fragt nicht einmal nach, was der Junge den ganzen Tag so macht.

*

An einem sonnigen Frühlingstag schlendern Fernando und seine Jungs um den Schwanenteich. Ein kleiner See, nicht weit vom Hauptbahnhof entfernt. Hier gibt es Schwäne und Boote, die aussehen als wären sie Schwäne. Im Sommer grillen Jugendliche und Familien auf der großen Wiese, und es riecht nach frischem Fleisch und scharfen Gewürzen. Jetzt am Vormittag allerdings riecht es nur nach Sommer, es ist noch zu früh.

Es ist die beste Tageszeit, um Geld zu verdienen, wie Fernando sagt. Sein Blick ist geschult. Mittlerweile erkennt er ein potenzielles Opfer sofort. Und Sieglinde H. ist ein perfektes Opfer. Eine betagte, wehrlose Frau, die allein um den See schlendert. Sie geht sehr langsam.

»Bestimmt schon 90, die alte Schachtel«, freut sich Fernando, denn er weiß, dass ihm keine Gefahr droht. »Das mache ich heute selbst«, sagt er zu seinen Freunden.

Er scannt routiniert die Umgebung und verfolgt Sieglinde. Als er sich ihr nähert, wird er schneller. Er greift nach ihrer Tasche, greift so fest zu, dass die Henkel abreißen. Sieglinde kommt ins Straucheln. Sie fällt. Sie schreit. Und Fernando läuft. Er läuft und läuft und hört die verzweifelten Schreie der alten Dame. Er lacht, als er im kleinen Wäldchen ankommt. Er hat es geschafft. Wieder einmal. Mit geübten Fingern öffnet er die Tasche und zieht das Portemonnaie heraus. Er greift ins Geldfach und fischt einen Zehner und vier druckfrische Fünfzig-Euro-Scheine heraus.

»Die kam wohl direkt von der Bank!«, denkt sich Fernando, als er die glatten Scheine zusammenknüllt und sich in die Jeans steckt. Dann durchsucht er den Rest des Portemonnaies. Haus- und Wohnungsschlüssel steckt er ein. Für den Fall der Fälle. Auf der Monatsfahrkarte für die Straßenbahn ist kein Name, die kann er auch noch verwenden. Der Personalausweis wandert zurück in den Geldbeutel. Der Geldbeutel wandert zurück in die Tasche. Die Tasche fliegt unter lautem, höhnischem Lachen in den großen schönen Schwanenteich. Gemeinsam mit dem Rentenausweis, dem Bibliotheksausweis, der Geldkarte und der Karte von der Krankenkasse. Es wird Sieglinde ein kleines Vermögen kosten, das alles zu ersetzen. Es gibt keine Opferfonds für solche Fälle.

Ein viel größerer Verlust sind aber die Bilder, die auch in der Tasche sind. Ihre fünf Enkel und ihre beiden Kinder sind auf einem. Auf dem anderen ist Georg zu sehen. Ihr verstorbener Mann. Von Georg gibt es keine weiteren Fotos mehr. Es war die letzte Erinnerung, die Sieglinde an ihren verstorbenen Mann hatte.

Als die Jungs abziehen, sehen sie Sieglinde noch immer auf der Wiese liegen. Passanten haben sich um die alte Frau versammelt. Sie weint.

Der Prozess

Die wiederholten Taschendiebstähle schafften es, eine ganze Stadt zu verunsichern. Jede Woche gab es neue Taten. Und jede neue Tat wurde von der lokalen Presse sofort aufgegriffen. Eine Boulevard-Zeitung sprach von der »Skrupellos-Bande«.

Den Beinamen hatten sich die jungen Räuber tatsächlich verdient. Denn skrupellos waren sie. Sie suchten sich ganz bewusst die schwächsten Menschen der Gesellschaft heraus, um sie auszurauben. Die Taten wurden zum Stadtgespräch. Eine gewisse Unsicherheit machte sich bemerkbar. Der Polizei war schnell klar, dass es sich um eine Gruppierung von mindestens drei Tätern handeln musste. Vielleicht waren es auch vier oder fünf Täter. Ganz sicher war man sich nicht. Klar war nur, dass die Diebe abwechselnd raubten. Dass es Absprachen gab, wer an welchem Tag »Dienst« hatte.

Die Polizei suchte also nach einer Bande von jungen Menschen, die alte Frauen ausraubten. Die »Omas abzogen«, wie sie es selbst vermutlich nannten. Es waren nicht die einzigen Straftaten. Auch Geschäftsdiebstähle wurden gemeldet, und die meisten dieser Diebstähle, so vermutete die Polizei, waren auf die Machenschaften der »Skrupellos-Bande« zurückzuführen. Auf meinem Richtertisch lag später ein Aktenstapel, der mehr als einen halben Meter hoch war und aus insgesamt 19 Akten bestand. Eine große Anzahl von ermittelten Straftaten.

Die Kriminalpolizei wusste, dass vor ihr ein aufgereihtes Domino-Spiel stand. Sie müssten nur einen Stein umstoßen, dann würden alle anderen Steine fallen. Es gab Lichtbildervorlagen. Lichtbildervorlagen von Straftätern aus einer Sammlung von fotografierten Verdächtigen, die den Opfern vorgelegt wurden. Immer wieder wurde ihnen dieselbe Frage gestellt. »Erkennen Sie hier jemanden wieder?«

Und die Opfer erkannten tatsächlich einen der Täter wieder. Sebastian. Er war wegen einer Straftat erkennungsdienstlich behandelt worden. Er hatte bereits eine Vorstrafe wegen Diebstahl bekommen. Als die Polizei sicher war, dass sie den Richtigen hatte, griff sie zu. Und die Dominosteine fielen. In seiner Beschuldigtenvernehmung hielt Sebastian nicht lange stand. Er verriet seine Freunde – aus Angst vor einer hohen Gefängnisstrafe. Er wollte um Gottes willen nicht ins Gefängnis. Die Polizei hatte das Puzzle gelöst. Es gab einen weiteren Jungen, der mehrfach dabei gewesen war, und einer, der nur einmal dabei war. Alles Deutsche. Alles Jugendliche. Keiner war älter als 17 Jahre. Und dann gab es noch den Kopf der Clique: den 18-jährigen Fernando.

Es kam zu einem Prozess. Vor mir saßen vier kreidebleiche Jugendliche, die vor dem Stapel an Akten erschraken, die sie durch ihre Taten angehäuft hatten. Ihre Anwälte hatten ihnen deutlich gemacht, wie ernst es um sie stand. Und die Gefahr, dass sie in eine Jugendstrafanstalt kommen würden, war hoch. Drei der Jungs zitterten, als sie ihre Einlassungen bei der Vernehmung durch das Gericht tätigten. Sie hätten das doch alles nicht so gemeint. Es seien doch nur kleine Diebstähle gewesen. Sie hätten doch niemandem wehgetan. Und sie hätten wirklich niemanden verletzen wollen. Das wiederholten sie wieder und wieder. Es schien, als seien sie im Angesicht des großen Prozesses vor sich selbst erschrocken.
Nur Fernando blieb abgeklärt. Seinen Vater, der mit Tränen in den Augen im Besucherraum saß, würdigte er keines Blickes. Fernando machte auf cool. Er markierte den harten Jungen.

Vor Gericht fragte ich Fernando, warum er das alles getan hatte. Er rechtfertigte sich. Er erzählte von den Entbehrungen, unter denen er litt. Dass er sein Leben lang ein Außenseiter gewesen sei, dass man an der Gesellschaft nicht teilhaben könne, wenn man nichts besaß. Und dass er einfach nur dazugehören wollte. Er wusste, dass er Unrecht getan hatte. Aber er sah es als sein Recht an, dieses Unrecht zu begehen. Er fand, er hätte diese Art der Entschädigung verdient. Ich glaube, dass Fernando erst begriff, was er da sagte, als Sieglinde H. in den Zeugenstand trat und erzählte, was ihr widerfahren war. Dass Fernando nicht bloß ihr Geld genommen, sondern ihr einen Teil ihres Lebens geraubt habe. Und dass der brutale Überfall sie so traumatisiert habe, dass sie sich nicht mehr rauszugehen traue. Dass ihr Leben nach dem Raub ein anderes geworden sei. Als sie sagte, dass sie in derselben Siedlung wohne wie Fernando, da senkte er den Blick. Ich glaube, er schämte sich. Seine Taten hatten nun ein Gesicht bekommen. Ihm wurde bewusst, was er angerichtet hatte.

*

Gerade um die Jahrtausendwende gab es eine erneute Diskussion, ob man nicht eine Erhöhung der Maximaldauer der Jugendstrafe von derzeit zehn auf 15 Jahre beschließen sollte. Es waren Fälle wie der Fall von Fernando, die ein Klima der Unzufriedenheit verursachten. Immer wieder war zu lesen, dass die Justiz nicht hart genug durchgreifen könne.

Diese Rufe wurden in Juristenkreisen sehr kritisch gesehen. Man war sich eigentlich einig, dass es im Jugendstrafrecht genug Möglichkeiten gab, angemessene Urteile zu verhängen. Denn 15 Jahre ist für einen jungen Menschen eine extrem lange Zeit. Ein Zeitraum, der sich kaum mit dem Sinn und Zweck einer Jugendstrafe vereinbaren lässt, einen jungen Menschen zu erziehen. Es geht immer darum, jungen Menschen die Chance zu geben, auf den richtigen Weg zurückzukommen. Die Mittel dazu können unterschiedlich sein: eine Bewährungsstrafe im Sinne einer letzten Warnung. Eine Strafe, deren Vollstreckung unter Auflagen ausgesetzt wird, damit die Jugendlichen sich selbst disziplinieren können. Oder eine vollzogene Jugendstrafe, die aber nicht den Sinn der reinen Bestrafung hat, sondern dem Jugendlichen Zeit geben soll, seine Taten zu reflektieren. Dennoch gab es eine Gesetzesänderung. Inzwischen wurde das Höchstmaß der Jugendstrafe auf 15 Jahre angehoben. Allerdings nur im Falle von Mord.

Obwohl die jungen Täter alle noch zwischen 16 und 18 Jahre alt waren, entschied sich das Jugendschöffengericht unter meinem Vorsitz für die Verhängung von Jugendstrafen. Es waren so viele Fälle, die sie angehäuft hatten, zudem handelte es sich zumeist um Fälle, in denen schwächere Menschen betroffen waren – da mussten wir erzieherisch mit der härtesten Maßnahme reagieren, um den jungen Menschen das Ausmaß ihrer Taten deutlich zu zeigen. Um sie damit wachzurütteln. Sie mussten alle zur Verbüßung ihrer Jugendstrafen in die Jugendstrafanstalt. Mit einer Ausnahme. Einer der Täter, der nachweislich nur bei einem Überfall beteiligt gewesen war, kam mit einem blauen Auge davon.

Für die anderen Jungs war das Urteil ein Schuss vor den Bug. Und der war dringend notwendig. Das Einsperren ist die letzte Konsequenz des Staates zur Erziehung eines jungen Menschen. Um ihm zu sagen: »Was du getan hast, ist so schlimm, dass wir dir die Freiheit nehmen. Denk doch mal drüber nach, was du angerichtet hast, wie viel Schuld du auf dich geladen hast.«
Die Prognose war diesmal erfolgreich. Keiner der Jugendlichen wurde jemals wieder straffällig. Der Gedanke der Erziehung durch den Rechtsstaat scheint in diesem Fall funktioniert zu haben.

Die Tat

Auch wenn die beiden Begriffe umgangssprachlich oft synonym verwendet werden, gibt es einen Unterschied zwischen Raub (§ 249 StGB) und Diebstahl (§ 242 StGB). Wer sich etwas nimmt, was ihm nicht gehört, der begeht einen Diebstahl. Wer sich mit Gewalt etwas nimmt, was ihm nicht gehört, der begeht einen Raub. Auf Diebstahl steht ein maximales Strafmaß von bis zu fünf Jahren Haft. Bei Raub gibt es eine Mindeststrafe von einem Jahr Haft, die Höchststrafe beträgt 15 Jahre. Es gibt auch noch weitere Verschärfungen: Einen schweren Raub (§ 250 StGB) begeht zum Beispiel jemand, der bei seiner Tat eine Waffe einsetzt. Die Mindeststrafe liegt hier bei fünf Jahren Haft. Und für den Raub mit Todesfolge (§ 251 StGB) erwartet den Täter eine lebenslange Haftstrafe.

Die Verbrechen von Fernando und seinen Freunden bewegten sich zwischen Diebstahl und einfachem Raub. Ein Verteidiger möchte natürlich gern, dass die Tat als Diebstahl gewertet wird. In der Tat kommt hier ein rechtlich umstrittenes Phänomen zur Geltung. Der sogenannte »schnelle Diebstahl«. Wenn Fernando einem Opfer die Handtasche so schnell von den Schultern reißt, dass es erst ein paar Sekunden später realisiert, was geschehen ist, handelt es sich rein formaljuristisch um einen Diebstahl. Fernando hat sich etwas genommen. Es hat keinen Widerstand des Opfers gegen die Gewalteinwirkung gegeben. Wenn das Opfer die Tasche jedoch festhält und Fernando sie ihm dann aus der Hand reißt, bewegt er sich in den Bereich des Raubs. Im Fall von Sieglinde lag eindeutig ein Raub vor. Immerhin musste er so stark an der Tasche zerren, die Sieglinde H. weiterhin festhielt, dass die ältere Dame zu Fall kam.

KAPITEL 9

Mein täglich Crystal gib mir heute

Straftatbestand:
Verbrechen nach dem
Betäubungsmittelgesetz

Die Geschichte

Es gibt Begegnungen, die sind so verhängnisvoll, dass sie das Leben eines Menschen nachhaltig verändern. Zum Besseren. Oder zum Schlechteren. Die Begegnung, die das Leben von Philipp T. verändern sollte, war so eine Begegnung. Eine verhängnisvolle Begegnung mit einem schlechten Ausgang. Für Philipp T. ist Max ein Freund. Er weiß nicht, dass Max ihn eines Tages mit sich in den Abgrund reißen wird.

Es ist auch nicht vorherzusehen. Nichts im Leben von Philipp T. weist darauf hin, dass etwas passieren könnte, das ihn aus der Bahn wirft. Philipp stammt aus einem liebevollen Elternhaus. Einem Elternhaus, das viel Wert auf gute Erziehung legt. Philipps Vater ist Maurer. Das Besondere an ihm sind seine großen Hände. Eigentlich sind das gar keine Hände mehr. Es sind Pranken. Pranken, mit denen er seinem Sohn bei jedem Fehltritt, bei jedem Über-die-Stränge-Schlagen Zucht und Ordnung einprügeln könnte. Aber das tut er nicht. Das tut er nie. Stattdessen legt er seine Hände auf die Schultern des Sohnes, setzt sich zu ihm, und fragt, was denn los sei. Warum er getan habe, was er getan hat?

Sein Vater versucht ihn zu verstehen. Auch Philipps Mutter ist gut zu dem Kind. Vielleicht zu gut. Ihr ist besonders eines wichtig: dass Philipp gute Umgangsformen hat. Höfliches Verhalten. Bitte. Danke. Darf ich? Ich möchte gern. Einfache Floskeln. Aber sie sind ihr wichtig. Wer nett ist, dem wird man nett entgegentreten. Davon ist sie überzeugt. Davon ist sie heute noch überzeugt. Außerdem ist es ihr wichtig, wie die anderen Menschen von ihr und ihrem Sohn denken. Sie leben schließlich in einer kleineren Stadt. Da wird viel getratscht. Philipp soll ein ordentliches Kind sein. Ein Kind, über das nur gut gesprochen wird. Darauf legt sie Wert.

Und Philipp ist tatsächlich das, was man einen guten Jungen nennen würde. Er hat gute Noten. Er hat viele Freunde. Er ist beliebt und sieht gut aus. Er ist immer höflich zu den Nachbarn, respektvoll gegenüber jedem, der ihm begegnet. So wie seine Eltern ihm das beigebracht haben.

Und dann kommt Max. Philipp ist 14. Er ist gerade in der 8. Klasse, als nach den Sommerferien der neue Schüler vorgestellt wird. Max ist anders als die Kinder in der Klasse. Er ist reifer. Selbstbewusster. Cooler. Die Mädchen fliegen auf ihn. Seine Noten sind ziemlich mies, aber Max zeigt demonstrativ, dass ihn das nicht sonderlich interessiert. Für jede schlechte Leistung hat er einen witzigen Spruch parat. Auf jede Ermahnung der Lehrer einen passenden Konter. In der Klasse ist er der König. Und auch Philipp ist fasziniert. Max wird für ihn zum Vorbild.

Philipp biedert sich regelrecht bei ihm an. Er suchte seine Nähe und zeigt offen seine Bewunderung für den Klassenkameraden. Max bemerkt das natürlich. Es schmeichelt ihm. Er sieht, wie Philipp seinen Klamottenstil adaptiert. Und irgendwann anfängt zu rauchen. So wie er. Philipp folgt ihm jetzt auch immer in die Raucherecke, am Rand der Schule, in einem kleinen gut verwinkelten Abschnitt, wo man gut vor den Lehrern fliehen kann, wenn sie ihren Kontrollgang machen. Für Philipp ist das aufregend. Ein richtiger Adrenalinkick. Für Max ist es nur selbstverständlich. Er hat schon oft Ärger gehabt. Die Aura des Erfahrenen macht ihn noch beneidenswerter. Beiläufig erzählt er, dass er die Schule gezwungenermaßen wechseln musste. Ärger mit den Cops. So sagt er das. Dann lächelt er. Das charmante Max-Lächeln.

Philipp und Max werden Freunde. Sie machen viel zusammen. Verbringen auch nach der Schule Zeit miteinander. Oft gehen sie Basketball spielen. Den Eltern von Philipp gefällt das nicht. Sie merken, dass Max keinen guten Einfluss auf ihren Sohn hat. Natürlich kriegen sie mit, dass er raucht. Also machen sie das, was sie in einer solchen Situation immer machen. Sie suchen das Gespräch. Philipps Vater setzt sich zu ihm aufs Bett und fragt ihn, was das soll. Philipp zuckt nur mit den Schultern.
»Hör einfach auf damit«, sagt der Vater.
»Okay, Papa.«
Aber natürlich hört Philipp nicht auf zu rauchen. Das Gefühl, etwas Verbotenes zu tun, gefällt ihm. Er findet es aufregend. Er ist jetzt auch ein wenig der Bad Boy. So wie Max. Die beiden Jungs hängen ständig miteinander ab. Irgendwann fragt Max, ob Philipp nicht auch einmal etwas »wirklich Cooles« erleben wolle.
»Na klar«, sagt Philipp. Er hat keine Ahnung, worum es geht. Aber er vertraut Max blind.

Sie gehen in den alten Park. Max geht voran. Philipp trottet hinterher. Sie sprechen nicht. So laufen sie einige Minuten einen kleinen Trampelpfad entlang, der von dem eigentlichen Parkweg wegführt. Das Gestrüpp wird dichter.

»Komm schon«, sagt Max. »Es ist nicht mehr weit.«

Philipp schlägt mit der Hand die Mücken weg, die sich vor ihm als Schwarm tummeln. Er hasst den Park.

»Da lang!«, treibt Max ihn an, und die beiden kommen auf eine kleine Lichtung, auf der eine verrottete Parkbank steht. Ein Brett in der Sitzfläche fehlt. Das Holz ist morsch.

»Willkommen im Paradies«, sagt Max und setzt sein breites Max-Grinsen auf.

Sie setzen sich auf die Bank, und Max zieht aus der Seitentasche seiner Jacke einen großen Lederbeutel. »Ich weiß, ich weiß«, sagt er. »Das sieht hier nicht aus wie das Paradies.«

Er fingert geschickt eine Packung Blättchen heraus und ein durchsichtiges Tütchen mit Cannabis. Eine knollenartige, grünliche Substanz. Philipp hat noch nie Gras gesehen.

»Aber gleich wird dieser Ort das Paradies sein. Glaub mir.«

Max vermengt das Gras mit ein wenig Tabak, dreht einen Joint, lehnt sich auf der kaputten Bank zurück und steckt die Tüte an. Er nimmt zwei tiefe Züge und inhaliert den Rauch. Dann gibt er den Joint weiter. An Philipp.

»Das ist das Beste, was du je erlebt hast.«

Philipp zögert einen Augenblick. Soll er das jetzt wirklich tun? Das sind Drogen. Alkohol, ja, okay. Zigaretten, ja, okay. Aber echte Drogen? Er erinnert sich für einen Moment daran, was seine Eltern, was seine Lehrer und was die Polizisten über Drogen gesagt haben. Damals. Als er mit seiner Klasse einmal einen Tagesausflug ins Polizeipräsidium der Stadt gemacht hat. Zur sogenannten Suchtprävention. Ein uniformierter Polizist hielt den Kindern damals einen Vortrag über die Folgen und die Schäden unterschiedlicher Drogen.

Philipp zuckt mit den Schultern. Er kann den Joint jetzt nicht ablehnen. Das wäre ja lächerlich.

Also nimmt er einen langen, tiefen Zug. Inhaliert den Rauch. Und muss husten.

Max lacht. »Ist normal«, sagt er.

Philipp wartet kurz ab. Wartet, ob er irgendetwas spürt. Ob sich etwas verändert. Nichts. Der Zug hat denselben Effekt wie eine Zigarette. Der einzige Unterschied ist der süßliche Geruch. Er mag diesen Geruch.

Max schaut ihn an. Versucht, in Philipps Gesicht irgendeine Reaktion abzulesen. »Und? Wie ist es?«

»Weiß nicht«, sagt Philipp.

»Bei mir hat es auch erst beim zweiten Mal klick gemacht. Versuch es noch mal. Nimm noch einen Zug.«

Philipp zieht wieder an dem Joint. Und plötzlich spürt er tatsächlich eine Wirkung. Und was für eine. Wahnsinn!

*

Die Freundschaft mit Max wird enger. Aber viel spannender als die Freundschaft mit Max findet Philipp mittlerweile das Zeug, das Max besorgen kann. Cannabis. Er verliebt sich regelrecht in den Rausch. In das Gefühl der Benommenheit. Wenn er an seinem Joint zieht, dann vergisst er alles andere. Er taucht ab in eine Parallelwelt, in der es keine Probleme gibt. In der alles gut ist.

Aber die Droge macht ihn auch träge. Antriebslos. Früher war Philipp viel unterwegs. Machte Sport, ging mit Freunden weg, war aktiv. Jetzt will er nur noch rumhängen und den Rausch genießen. Der Konsum wird regelmäßiger. Irgendwann raucht Philipp täglich einen Joint. Und irgendwann raucht Philipp täglich zwei Joints. Und irgendwann kann er gar nicht mehr klar denken, mit Droge nicht und ohne auch nicht.

Seinem Umfeld fällt das natürlich auf. Seine alten Freunde wenden sich ab. Die Lehrer intervenieren. Suchen immer wieder das Gespräch. Die Nachbarn reden schon. Ausgerechnet das, was die Mutter immer vermeiden wollte. Sie ist enttäuscht. Wirklich enttäuscht. Immer wieder kommt sie in sein Zimmer und fragt, was denn bloß mit ihm los sei. Sein Zimmer, das mittlerweile eine Drogenhöhle geworden ist. Ständig steht ein süßlicher Qualm im Raum. Seine Eltern warnen ihn, dass es so nicht weitergehen kann. Mahnen ihn. Drohen ihm. Manchmal betteln sie auch einfach nur, dass er sich doch bitte wieder fangen möge. Seine Noten werden schlechter und schlechter. Aber Philipp ist das egal.

»Kommt mal klar«, lacht er seinen Eltern bloß entgegen. Ohne zu merken, dass er selbst gar nicht mehr so wirklich klarkommt.

Das wird ihm erst bewusst, als tatsächlich der Abstieg droht. Philipp wird mit einem Joint auf dem Schulhof erwischt. Die Lehrer verfolgen hier eine Null-Toleranz-Politik. Das weiß er. Und darum ist er auch nicht verwundert, als das Schreiben kommt, dass er von der Schule entlassen wird. Aber ein wenig panisch ist er schon. Philipp bekommt es mit der Angst zu tun. Von der Schule zu fliegen, das ist eine Ansage. Er versteht, dass es so nicht weitergeht. Dass er auf einem schlechten Weg ist. Dass er klarkommen muss.

Also hört er mit den Drogen auf. Langsam. Er reduziert seinen Konsum, bis er so weit ist, ihn ganz einzustellen. Und er meidet den Kontakt zu Max. Zumindest für eine Weile. Er weiß, dass Max ihm immer wieder einflüstern würde, dass er weitermachen soll.

Auf seiner neuen Schule geht es zunächst wieder bergauf. Die ersten Klausuren sind gut. Die Noten stimmen wieder. Aber gerade das wird ihm zum Verhängnis. Die Anspannung weicht, und Philipp nimmt die Dinge jetzt wieder locker. Zu locker. Na ja, denkt er sich, es läuft doch alles. Und so fängt er wieder mit dem Kiffen an. Nach einer Pause von nur zwei Monaten.

Mit 16 Jahren schafft er gerade noch seinen Hauptschulabschluss. Danach passiert nichts. Er beginnt keine Ausbildung, nein, er hat nicht einmal eine Idee, was für eine Ausbildung er machen soll. Seinen Eltern reicht es jetzt. Sie kürzen ihm sein Taschengeld. Das tut Philipp wirklich weh. Wie soll er sich jetzt finanzieren? Und wie soll er sich seine Drogen kaufen?

Also fängt er an zu klauen. Es sind kleinere Diebstähle. Meist klaut Philipp Parfum. Das lässt sich gut einstecken, weil es so handlich ist. Und bei Ebay kann man dafür gutes Geld bekommen. Das Klauen macht ihm keinen Spaß, er findet das nicht cool, er klaut ausschließlich für die Drogen. Das Geld investiert er in Gras. Er klaut nur, wenn er kein Gras mehr hat. Oder wenn er merkt, dass sich die Vorräte dem Ende zuneigen.

Am liebsten geht er in die große Parfümeriekette auf dem Marktplatz. Dort kennt er sich aus. Bisher gab es nie Komplikationen.

Doch dann kommt Lisa Z.

Lisa macht gerade ihre Ausbildung in diesem Markt. Sie ist 15 Jahre alt und zum ersten Mal im Verkauf. Sie will alles richtig machen. Sie ist ehrgeizig. Darum ist sie zu den Kunden immer etwas freundlicher als nötig. Sie ist aufmerksamer als alle anderen Mitarbeiter. Aufmerksamkeit ist wichtig, das hat sie schon in der Berufsschule gelernt. Denn nur ein aufmerksamer Verkäufer ist ein guter Verkäufer. Sie ist auch aufmerksam, als Philipp den Laden betritt. Als er sich umschaut und dann eine verpackte Parfumflasche in seinem Rucksack verschwinden lässt. Und als er gerade mit seiner Beute gehen will, stellt Lisa sich ihm in den Weg.

»Hey«, sagt sie. »Du hast geklaut.«

Philipp ist völlig perplex. »Wie bitte? Wer bist du denn?«

Er mustert das Mädchen, das da vor ihm steht. Mehr Kind als Frau. Zwei Köpfe kleiner als er. Was will die denn, denkt er sich.

Lisa hat überhaupt keine Ahnung, wie man mit Dieben umzugehen hat. Statt dem Security-Mann Bescheid zu geben, der in der Filiale arbeitet, nimmt sie die Sache einfach selbst in die Hand.

»Komm, halt die Fresse und lass mich durch«, motzt Philipp sie an. Sein Kopf ist rot.

»Nein, gib das Parfum zurück«, beharrt Lisa, ohne zu verstehen, dass sie sich einer Gefahr aussetzt. Die Leute im Laden werden aufmerksam. Sie schauen zu den beiden streitenden Teenagern. Philipp wird panisch. Er muss hier raus. Sofort. Er schubst das junge Mädchen, das ihm noch immer im Weg steht, einfach weg. Lisa verliert das Gleichgewicht und hält sich an Philipps Sweatshirt fest, um nicht zu fallen. Philipp bekommt endgültig Panik. Weil er nicht weiß, was er sonst machen soll, schlägt er dem Mädchen mit der Faust ins Gesicht. Er trifft die Nase. Selbst er hört das Krachen. Völlig betäubt, benebelt von dem Schlag geht Lisa zu Boden.

Jetzt nur raus hier, denkt Philipp und sprintet Richtung Eingangstür. Aber er stolpert und fällt der Länge nach hin. Sofort setzt sich eine schwere Person auf ihn und dreht ihm den rechten Arm so auf den Rücken, dass er vor Schmerz aufschreit. Die Haus-Security hat alles mitbekommen. Und bereits die Polizei verständigt.

*

Philipp ist 17 und sitzt zum ersten Mal in seinem Leben in Untersuchungshaft. Seine Eltern haben ihn bereits vor Wochen rausgeschmissen. Das war Philipp sogar recht. Er stellt die Drogen schon lange über seine Eltern, die immer nur nerven und Stress machen. Außerdem hat er genug Freunde, bei denen er wohnen kann. Er hat in letzter Zeit einfach bei Max geschlafen. Mit dem hat er sich mittlerweile wieder angefreundet. Dessen Eltern haben ein großes Haus und genügend Platz.

Das Problem für die Polizei ist: Philipp hat offiziell keinen festen Wohnsitz mehr. Darum muss er in Untersuchungshaft. Die Haft ist das Schlimmste, was er jemals erfahren und erleiden muss. Einge-sperrt – ohne seinen Stoff. Ohne seinen Beruhigungsjoint. Inmitten von Brutalos und schweren Jungs. Es fühlt sich an, als hätte man ihn in eiskaltes Wasser geschmissen. Was für ein Albtraum.

Und dann sitzt Philipp plötzlich vor Gericht. Es kommt ihm vor, als wäre er im falschen Film gelandet. Oder auf einem schlechten Trip hängen geblieben. Er sitzt wie betäubt neben seinem Verteidiger. Er wird einfach nicht klar im Kopf. Der ungewollte Entzug machte ihm zu schaffen. Er fühlt sich eklig. Seine Gedanken sind diffus. Er driftet immer wieder ab. Starrt seinen Anwalt an. Minutenlang. »Bestimmt ein Russe«, denkt Philipp und starrt weiter.
Der Anwalt, leicht genervt, lässt sich nichts anmerken. »Reißen Sie sich zusammen, wenn der Richter was fragt, okay?«, bittet er seinen Mandanten nur eindringlich.
Langsam, ganz langsam nickt Philipp zustimmend mit dem Kopf. Wow, denkt er. Bin ich am Arsch. Er schaut sich um. Vor ihm, auf seinem Tisch, liegen ein paar Papiere. Die Anklageschrift. Dann lässt er seinen Blick durch den Raum schweifen. Da sitzt ein Mann mit Robe. Wohl der Richter, denkt er. Neben ihm eine alte Frau und ein junger Mann, alle drei erhöht hinter einem gigantischen Tisch. Keine Ahnung, wer die beiden sind. Neben ihm sitzt der russische Anwalt und ihm gegenüber eine schöne Frau mit langen schwarzen Haaren und einer ebenso schwarzen Robe. Die Staatsanwältin?
Für Philipp ist das alles fremd. Er kann mit einem Gericht nichts anfangen. Und dann haben sie ihm auch noch Fußfesseln angelegt. Wegen angeblicher Fluchtgefahr. Wohin soll er denn fliehen? Philipp versteht die Welt nicht mehr.

Der Richter beginnt zu sprechen. Er sagt etwas, was Philipp nicht versteht. Seine Worte klingen wie mit Watte ummantelt und ge-dämmt. Er ist einfach nicht klar im Kopf. Er schaut den Richter an.

Der Richter schaut ihn an und spricht weiter. Philipp versucht sich zu konzentrieren.

»Ich muss für das Protokoll jetzt Ihre Personalien vollständig feststellen! Sie heißen …?«

Sein Anwalt gibt Philipp einen Stoß in die Rippen.

»Philipp.« Dann erzählt er, wer er ist und wo er zuletzt gelebt hat. Dass er seit einiger Zeit kein Zuhause mehr hat.

»Haben Sie schon eine Ausbildung begonnen?«

»Nein.«

Die Schöffen, das sind die beiden Figuren neben dem Richter, runzeln die Stirn.

Dann hält die Staatsanwältin einen kleinen Vortrag. Philipp versucht sich zu konzentrieren. Versucht zu verstehen, was sie sagt. Es fällt ihm schwer.

»… wobei er Gewalt anwendete, um sich im Besitz des gestohlenen Gutes zu erhalten, und dabei gleichzeitig durch dieselbe Tat vorsätzlich eine andere Person körperlich misshandelt und an der Gesundheit schädigte, strafbar als räuberischer Diebstahl in Tateinheit mit vorsätzlicher Körperverletzung gemäß Paragraphen 252, 249 Absatz 1, 223 Absatz 1, 52 Strafgesetzbuch.«

Stille. Die Staatsanwältin setzt sich. Philipp fühlt sich noch immer, als wäre er im falschen Film.

Als Philipp zu der Tat befragt wird, gesteht er alles. Er sagt, dass es ihm leidtue. Dass er niemanden habe verletzen wollen. Dass er in Panik gewesen sei. Dass er Geld brauchte. Für die Drogen. Dass die Drogen ihn im Griff hätten. Und dass er gern aufhören würde, Drogen zu nehmen. Er meint das alles ernst. Denn als Lisa in den Zeugenstand tritt und ihre Zeugenaussage macht, da schämt sich Philipp in Grund und Boden.

Das junge Mädchen wirkt komplett eingeschüchtert. Nichts ist mehr übrig von ihrem damaligen Selbstvertrauen. Sie kann Philipp nicht einmal anschauen. Sie hat nun eine schiefe Nase. Mit seinem Faustschlag hat er dem hübschen Gesicht eine sogenannte Nasenbeintrümmerfraktur verpasst. Die Nasenknochen waren alle nur noch Splitter, und die Nase konnte nur mit großem Aufwand wieder in eine nasenähnliche Form gebracht werden.

Das hat er nicht gewollt. Das tut ihm heute so leid. So hat man ihn nicht erzogen. Vor Gericht spricht Philipp freundlich und höflich. So, wie seine Eltern ihm das beigebracht haben. »Ich wollte es wirklich nicht«, bekräftigt er nun zum dritten Mal.

Das Gericht glaubt Philipp. Und verhängt eine Jugendstrafe von einem Jahr und drei Monaten. Mit Strafaussetzung zur Bewährung. Er darf also noch am gleichen Tag aus dem Gefängnis heraus. Aber es gibt eine Auflage: Philipp muss eine Drogenentwöhnungstherapie absolvieren.

*

Die Drogenentwöhnungstherapie dauert neun Monate. Eigentlich dauert sie sechs Monate, aber im Anschluss gibt es eine sogenannte Adaptionsbehandlung, die noch einmal drei Monate geht. Die Adaptionsbehandlung ist eine Art Nachsorge. Philipp kommt aus der Klinik in eine betreute Wohnform, zusammen mit anderen Suchtkranken. In dieser Wohngemeinschaft soll er auf ein normales Leben außerhalb der Klinik vorbereitet werden.

Philipp steht vor der Entscheidung, wie es für ihn weitergehen soll. Und vor allem: Wo es für ihn weitergehen soll. Ein neuer Anfang in einer neuen Stadt? Oder zurück in seinen Heimatort? Alle warnen ihn davor. Seine Betreuer. Seine Eltern. Seine Mitbewohner in der WG. Alle sagen sie, geh woanders hin. Sonst verfällst du wieder in die alten Strukturen. Aber Philipp will zurück in seine Heimatstadt. Er fühlt sich gefestigt genug. Er glaubt nicht, dass ihm noch etwas passieren kann. Und es geht gut.

Es geht zwei Jahre lang gut. Philipp baut sich ein neues Leben auf. Er kifft nicht mehr. Er beginnt eine Ausbildung als Mechaniker. Er verdient Geld. Er lernt ein Mädchen kennen. Yvonne. Die beiden verlieben sich und ziehen zusammen. Und noch immer lässt er die Finger von den Drogen. Würde die Geschichte von Philipp T. hier enden, dann wäre die Geschichte von Philipp T. die Geschichte von einem Jungen, der kurzzeitig auf den falschen Weg gekommen ist und es aus eigener Kraft geschafft hat, sein Leben wieder unter Kontrolle zu bekommen.

Doch die Geschichte endet hier nicht. Sie nimmt eine Wendung. Nach zwei Jahren trennt sich seine Freundin von ihm. Yvonne hat einen neuen Mann kennengelernt. Einen Kollegen. Philipp versteht die Welt nicht mehr. Er ist am Boden zerstört. Was hat er denn falsch gemacht, warum liebt sie ihn nicht mehr? Wie kann Liebe enden? Von heute auf morgen?

Und plötzlich ist sein gefestigtes und schönes Leben gar nicht mehr so gefestigt und schön. Es ist brüchig geworden. Yvonne schmeißt Philipp aus der gemeinsamen Wohnung. Er muss sich jetzt etwas Neues suchen, was gar nicht so einfach ist. Schließlich hat er nur sein kleines Lehrlingsentgelt. Und davon eine Wohnung zu zahlen und den Strom und die Heizung und dann davon auch noch zu leben: ein Ding der Unmöglichkeit. Zu seinen Eltern will er aber auch nicht mehr zurück.

Und dann macht Philipp das Schlechteste, was er in dieser Situation nur machen kann. Er ruft bei seinen alten Freunden an. Bei seinen Kumpels aus der Drogenzeit. Er weiß nicht, was er sonst tun soll. Er ruft an und fragt, ob sie eine Couch für ihn frei hätten. Ob er bei ihnen wohnen darf. Nur für ein paar Tage. Bis er was Neues gefunden hat. Ein alter Kumpel namens Daniel erklärt sich schließlich bereit.

»Klar«, sagt er am Telefon. »Komm vorbei. Ich habe hier noch eine Matratze rumliegen, auf der du pennen kannst.«

Als Philipp sich noch am selben Tag in den Bus setzt und zu Daniel fährt, kann er nicht ahnen, wen er dort wiedertreffen wird. Es ist Max. Sein alter Freund Max.

Er mustert ihn. Er erkennt ihn kaum wieder. Max hat sich verändert. Aus dem coolen Jungen aus der Schule ist ein körperliches Wrack geworden. Max sieht richtig schlecht aus. Ihm fehlen drei Zähne, er ist dünn, beinahe abgemagert, sein Gesicht voller Pickel. Und überall an den Armen hat er Entzündungen. Sie sehen aus wie rote Beulen. Aber eines hat Max nicht verloren. Seinen Charme.

Max freut sich, seinen alten Freund wiederzusehen. Wie lange ist das her? Zwei Jahre? Drei Jahre? Ach, was heißt das schon, Zeit ist vergänglich, und Max hat schon lange sein Gefühl für die Zeit verloren. Das erzählt er Philipp. Das und vieles anderes.

Max redet wie ein Wasserfall, spricht einfach weiter und weiter auf Philipp ein. Irrsinnig schnell kommen die Wörter aus seinem Mund, seine Gedanken springen, Mann, was war das für eine gute Zeit damals, im Wald, auf der Lichtung, mit dem Joint, und heute, ja, heute ist doch alles ganz anders, einfach nicht mehr so unbeschwert, heute ist man alt geworden, hat Verantwortung, Arbeit und das alles, komm Philipp, sagt er. Lass uns was trinken. Auf die Freundschaft! Max hat Philipp eingewickelt. Innerhalb von nur zehn Minuten. Yvonne und die verlorene Wohnung sind sofort vergessen.

Die beiden alten Freunde gehen in einer Bar. Und sie trinken. Ein Bier, zwei Bier, dann einen Whiskey-Cola. Glas für Glas. Sie reden, tauschen Geschichten aus. Und trinken. Die Nacht vergeht. Philipp war nie ein großer Trinker. Und solche Mengen Alkohol ist er nicht gewöhnt. Er merkt, dass er betrunken ist. Dass seine Zunge schwerer wird, seine Sinne ihn im Stich lassen. Er trinkt trotzdem weiter. Der Abend ist gut. Er freut sich Max wiederzusehen. Um vier Uhr nachts verabschiedet er sich dann endgültig von ihm und torkelt nach Hause. Er schaut auf sein Handy. Verdammt, denkt er noch. Das wird eine sehr kurze Nacht. Um 5 Uhr muss er aufstehen, damit er um 6 Uhr pünktlich in seinem Betrieb ist. Hoffentlich verschlafe ich nicht, denkt er und legt sich in sein Bett.

Als er die Augen öffnet und auf den Wecker schaut, ist es 11 Uhr. »Ach verdammt«, flucht Philipp, springt unter die Dusche und macht sich auf den Weg zur Arbeit. Als er die Werkstatt erreicht, läuft er schon auf dem Flur seinem Ausbilder in die Arme. Und der macht ihm eine klare Ansage.

»Sag mal, Junge, bist du bescheuert, oder was? Arbeitsbeginn is' um 6 Uhr und nich' zum Mittag! Und außerdem, du hast eine Fahne, die rieche ich schon, seitdem du durchs Tor gekrochen bist! Komm, Abflug! Mach dich nach Hause, schlaf deinen Rausch aus und komm morgen wieder!«

Philipp ist das peinlich. Mit hochrotem Kopf schaut er auf den Boden.

»Nur damit du's weißt, Junge, das gibt 'ne dicke, fette Abmahnung, da kannst du dich drauf verlassen.«

»Es ... tut mir leid«, stottert Philipp und verlässt ohne aufzuschauen den Betrieb.

So mies hat er sich seit seinem Prozess nicht mehr gefühlt. Er geht zurück in die Wohnung von Daniel, will sich auf die Couch legen – da sieht er Max. Max ist munter und anscheinend topfit. Sofort sprudelt es wieder aus ihm heraus, er stellt Fragen über Fragen und erzählt von seinen Plänen und Träumen.

»Alter«, sagt Philipp. »Wir waren beide zusammen saufen gestern. Du hast mehr getrunken als ich. Warum verdammt noch mal hast du keinen Kater?«

Max lacht. Und winkt Philipp zum Couchtisch. Auf einem kleinen Spiegel sieht er zwei kleine weiße Linien aus Pulver liegen.

»Ist das Kokain?«, fragt Philipp.

»Nein, Crystal.«

Crystal. Philipp hat davon gehört. Von den Erzählungen seiner Mitpatienten, damals, als er noch in der Drogenklinik war. Alle, wirklich alle haben ihn vor dem Stoff gewarnt. Das sei Teufelszeug, hieß es. Teuflisch gut. Aber teuflisch gefährlich. Winzig klein waren diese Linien, gerade einmal fingerlang.

»Komm, probier«, ködert ihn Max.

»Ich glaube nicht.«

»Junge, du weißt nicht, was du verpasst. Das Zeug macht aus dir einen Superman. Du brauchst nicht mehr zu schlafen. Nicht mehr zu essen. Nicht mehr zu trinken. Du bist einfach immer voll on point.« Max sieht, das Philipp zögert. Und lockt ihn weiter: »Scheiß drauf und gönn' dir mal was. Eine Linie. Die andere brauche ich. Ich schwöre dir, danach geht es dir tausendmal besser.«

Und Philipp setzt sich auf die Couch und snifft das Pulver durch die Nase. Was soll's. Was hat er zu verlieren? Die Freundin und die Wohnung sind ja sowieso schon weg, und die Sache auf der Arbeit heute war auch eine Katastrophe. Wann, wenn nicht jetzt hat er sich eine Belohnung verdient? Wieder versagen bei ihm alle Alarmglocken. Alles, was er in der Drogentherapie mühsam gelernt hat, bleibt irgendwo in einem versteckten Bereich seines Gehirns hängen. Er hätte Nein sagen müssen. Er weiß das. Aber es war ihm egal.

Philipp lehnt sich auf der Couch zurück. Er wartet ein paar Sekunden. Und dann setzt die Wirkung der Droge ein. Wow! Was für ein Superzeug, denkt er.

Er ist auf einen Schlag hellwach und völlig klar. Er hat das Gefühl, übermenschliche Kräfte zu haben. Als würde sein Gehirn mit doppelter Leistungsfähigkeit arbeiten.

»Das ist ja der Wahnsinn«, sagt er zu Max, der gerade die andere Linie durch die Nase zieht.

»Sag ich doch«, lacht der.

Philipp hat wirklich das Gefühl, dass er nun ein besserer Mensch ist. Ein im Wortsinn besserer Mensch. Dass er nun Dinge kann, die er vorher nicht konnte. Im Rausch setzt er sich hin und repariert seinen Laptop. Obwohl er noch nie einen Laptop aufgeschraubt hat. Plötzlich weiß er, wie es geht. Er fühlt sich superstark. Er glaubt, er ist ganz, ganz oben. Ein Gott. Ja, das denkt er wirklich. Er denkt, er ist ein Gott.

*

Am nächsten Tag folgt der Absturz. Die Wirkung lässt nach. Und aus dem Gott ist ein Wrack geworden. Philipp läuft mit fürchterlichen Kopfschmerzen durch die Wohnung und begutachtet seinen Laptop. Er hat ihn nicht repariert. Er hat ihn völlig zerstört. Der Laptop ist ein Trümmerhaufen, nur noch geeignet für die Mülltonne. Philipp fühlt sich, als wäre er ein Nichts. Ein Niemand. Es geht ihm absolut elend.

Er geht zu Max.

»Ich brauche das Zeug noch mal. Ich komme gar nicht klar.«

Und Max gibt ihm etwas.

Von diesem Tag an beginnt Philipp exzessiv zu konsumieren. Nicht nur Crystal. Auch Gras raucht er nun wieder. Der Mischkonsum ist nötig. Wenn er mehrmals in der Woche ein Gramm pro Tag zieht, kann er nicht mehr schlafen. Ist ständig wach. Und um wieder runterzukommen, raucht er Marihuana. Allerdings erst nach einer ganzen Woche, nach sieben Tagen, 168 Stunden, über 10.000 Minuten ohne Schlaf. Kein Körper verkraftet so etwas ohne Folgen. Kein Gehirn kann so etwas leisten, ohne Schaden zu nehmen.

Crystal Meth ist keine einfache Droge. Crystal ist hocheffektiv und macht hochgradig abhängig. Meist schon nach dem ersten Konsum. Wer Crystal Meth verfallen ist, der kommt ohne einen extremen

Absturz in der Regel nicht mehr davon los. Der körperliche Verfall, der schon nach wenigen Wochen und Monaten einsetzt, ist deutlich. Sogar Schwangere greifen zu der Droge. Entweder aus Unkenntnis, dass sie schwanger sind, oder weil sie nicht mehr ohne Crystal leben können. Das zeigt, wie hoch das Suchtpotenzial wirklich ist. So wie damals in den 1980er-Jahren von den Crack-Babys die Rede war, tauchen heute erste Berichte über Meth-Babys auf. Neugeborene mit Hirnschäden, kleine »Zombies«, die bereits im Mutterleib irreparabel an Geist und Körper durch den Drogenkonsum der werdenden Mütter geschädigt worden sind.

Auch Philipp stürzt ab. Und sein Absturz ist so gnadenlos wie voraussehbar. Manchmal, wenn die Wirkung der Droge nachlässt, denkt er über einen Ausstieg nach. Denkt, er müsste es doch kontrollieren können, aufhören können. Bis das Verlangen nach dem nächsten Mal so überwältigend wird, dass er es nicht unterdrücken kann. Dass er sein Handeln danach ausrichten muss, wie er meint. Es gibt Tage, da ist Philipp für ein paar Momente klar im Kopf. Und in diesen Momenten wünscht er sich nichts sehnlicher, als dass er seinen Freund Max niemals kennengelernt hätte.

Der Prozess

Vor uns saß ein dicklicher junger Mann mit dünnen Haaren und ungesundem Teint. Philipp T. Seitdem ich ihn das erste Mal bei der sogenannten Haftprüfung gesehen hatte, hatte er sich sehr verändert. Er sah fürchterlich aus. Aber doch sehr viel besser, als noch vor vier Monaten.
Vor vier Monaten war er gerade verhaftet worden und hatte über seinen Anwalt beantragt, aus der Untersuchungshaft entlassen zu werden. Eine Haftprüfung kann man jederzeit beantragen, solange

der Haftbefehl vollzogen wird und man in Haft ist. Bei der Haftprüfung wird dann der Beschuldigte angehört – er darf erklären, was er gegen den Haftbefehl vorbringen kann. Dass er zum Beispiel eine Kaution stellen möchte oder einen festen Wohnsitz hat. Oder dass er Zeugen oder Beweise vorbringen kann, welche zur Aufhebung des Haftbefehls oder zumindest zur Außervollzugsetzung führen könnten. Es kann auch sein, dass der weitere Vollzug unverhältnismäßig ist und deswegen die Haft beendet werden muss.

Bei Philipp war die Sachlage eindeutig. Ihm wurde ein Verbrechen mit einer Mindestfreiheitsstrafe von zwei Jahren vorgeworfen. Er hatte noch immer keinen festen Wohnsitz, es bestand große Wiederholungsgefahr wegen der Sucht. Ich entschied: Philipp muss in Haft bleiben!

Damals saß ein menschliches Wrack vor mir. Sein Gesicht war eingefallen, die Haut unrein und voller Pickel, es fehlte ein Schneidezahn. Man sah es, wenn er den Mund aufmachte. Er war ein Crystal-Abhängiger.

Vier Monate später zu Prozessbeginn war Philipp wieder mehr Mensch als zuvor. Er hatte deutlich zugenommen. Er wirkte halbwegs fit. Die Untersuchungshaft hatte ihm gutgetan. Er hatte keine Chance gehabt, sein tägliches Gramm Crystal zu konsumieren. Stattdessen hatte er nach einem geregelten Ablauf gelebt und täglich drei Mahlzeiten zu sich genommen. Sein Körper hatte Ruhe vor dem Gift gehabt.

Auch Philipps Geist war nun wacher und klarer als zum Zeitpunkt der Inhaftierung. Er verfolgte ziemlich klar die technokratischen Worte der Staatsanwältin, die den Tatvorwurf vorlas: Philipp war der unerlaubten Einfuhr von Betäubungsmitteln in nicht geringer Menge in Tateinheit des Handeltreibens mit Betäubungsmitteln in nicht geringer Menge in Tatmehrheit mit sechs tatmehrheitlichen Fällen des gewerbsmäßigen Handeltreibens mit Betäubungsmitteln in Tatmehrheit mit unerlaubter Abgabe von Betäubungsmitteln als eine Person über 21 Jahre an eine Person unter 18 Jahren angeklagt.

Das hieß: Philipp hatte mit Drogen gehandelt. Und zwar im gewerbsmäßigen Stil. Er war nach Tschechien gefahren und hatte dort Crystal für 30 Euro pro Gramm gekauft. In Deutschland verkaufte er das Gramm für 50 Euro. Er machte also 20 Euro Gewinn pro Gramm. Steuerfrei. Natürlich kaufte er keine kleinen Mengen. Er nahm mindestens 50 Gramm mit, wenn er in Tschechien war. Einen Teil hatte er nicht verkauft, sondern selbst konsumiert.
In das Visier der Ermittlungsbeamten war Philipp geraten, weil man Jacqueline kontrolliert hatte. Eine 17-Jährige, die bei ihm einkaufte. Die Polizei erwischte sie mitten in der Stadt mit einem Gramm Crystal. Jacqueline war noch so jung. Und schon völlig am Ende. Ihr Körper war ausgemergelt, ihre Sinne waren völlig benommen. Um einer Strafe zu entgehen, machte sie reinen Tisch und »verpfiff« ihren Dealer. Philipp.
Die Polizei entschloss sich damals, ihn nicht zu verhaften. Stattdessen überwachte man ihn. Man wollte schauen, ob man durch ihn an weitere Hintermänner herankäme. Die Polizei observierte Philipp, hörte sein Telefon ab. Dadurch erlangten sie Kenntnis von seinen Fahrten ins benachbarte Ausland. Schließlich wurde er an einem Tag Ende Mai kurz nach 20 Uhr in einem Auto bei der Wiedereinreise mit rund 40 Gramm Crystal vorläufig festgenommen und am nächsten Tag dem Haftrichter vorgeführt. Der Wirkstoffgehalt betrug rund 32 Gramm.

Der Fall von Philipp war eindeutig. Er hatte die Drogen bei der Einreise in seiner Hosentasche. Die aufgezeichneten Telefonate belegten die Verkäufe an seine Stammkunden. Man sprach zwar davon, dass man gern »Obst« oder »zwei Bananen« kaufen wollte, aber es war klar, worum es wirklich ging. Die »100 Tomaten« als Gegenleistung für »zwei Bananen« waren auch nicht wirklich glaubwürdig. Da kam er nicht mehr heraus.

Und dann war da noch die Zeugenaussage von Jacqueline. Diese Aussage war keine Selbstverständlichkeit. Sehr oft haben wir vor Gericht das Problem, dass Konsumenten entweder behaupten, sie können sich an rein gar nichts mehr erinnern, schließlich hätten sie zum betreffenden Zeitpunkt durchgehend unter dem Einfluss von Drogen gestanden, oder sie verweigern die Aussage. Denn wenn man selbst Drogen kauft, ist dies auch eine Straftat. Da man sich, als Angeklagter oder Zeuge vor Gericht nicht selbst belasten muss, hätte sie zu ihrer Straftat des Erwerbs der illegalen Droge schweigen können.

Jacqueline aber sagte aus. Sie hatte sich von den Drogen mittlerweile losgesagt und wollte reinen Tisch machen: Auch das belastete Philipp. Er hatte keine Wahl. Er war durch alle Beweise überführt und gestand die Straftaten.

Mit den 32 Gramm hatte Phillip T. das Sechsfache der »nicht geringen Menge« eingeführt. Dafür musste eine Freiheitsstrafe von mindestens zwei Jahren verhängt werden. Wegen des unerlaubten Handeltreibens mit Betäubungsmitteln, also der Dealerei, waren für jede der sechs Taten ab einem Jahr Freiheitsstrafe zu verhängen. Das Gericht musste nun, wie in jedem Fall, abwägen: Welche Strafe war nun ganz genau für jede einzelne Tat richtig und gerecht?

Für Philipp sprach: Er war geständig, er war bereits seit vier Monaten in Untersuchungshaft gewesen, er hatte die Straftaten vor allem begangen, um seine eigene Drogensucht zu finanzieren, und das beschlagnahmte Rauschgift konnte nicht mehr verkauft werden. Auch war der Verkauf an Jacqueline als eine bereits drogensüchtige Person erfolgt.

Gegen ihn sprach, dass er bereits vor dieser Verurteilung wegen unerlaubter Einfuhr von Betäubungsmitteln aus dem Ausland nach Deutschland, dem Drogenschmuggel, und wegen Handeltreibens mit Betäubungsmitteln sowie wegen Fahrens ohne Fahrerlaubnis und auch Diebstahls und räuberischen Diebstahls durch verschiedene Gerichte verurteilt worden war.

Bei seiner letzten Verurteilung hatte er zehn Monate Freiheitsstrafe mit Strafaussetzung zur Bewährung erhalten. Damals war er wegen Handeltreibens mit Betäubungsmitteln verurteilt worden. Somit stand er unter sogenannter einschlägiger Bewährung. Er hätte keine Straftaten mehr begehen dürfen. Erst recht hätte er nicht genau die Straftaten wieder begehen dürfen, derentwegen er zuvor verurteilt worden war.

Das Gericht verhängte für die sechs Taten des nachgewiesenen Handeltreibens jeweils ein Jahr und drei Monate Freiheitsstrafe. Ebenso für den Verkauf an Jacqueline. Für die unerlaubte Einfuhr von Crystal gab es eine Freiheitsstrafe von zwei Jahren und sechs Monaten. Rein rechnerisch wären das siebenmal ein Jahr und drei Monate plus zwei Jahre und sechs Monate gewesen – also eine Gesamtfreiheitsstrafe von elf Jahren und drei Monaten. Rein rechnerisch. Die Realität sieht anders aus. Und zwar aus zwei Gründen.

Zunächst dürfen Amtsgerichte nicht mehr als vier Jahre Gesamtfreiheitsstrafe verhängen. Außerdem hat der Gesetzgeber eine Art »Mengenrabatt« gesetzlich vorgeschrieben. Je mehr Straftaten jemand verübt, desto weniger kommt es auf die einzelnen Strafen an. Und so musste Philipp bloß drei Jahre und sechs Monate einsitzen. Die vier Monate, die er schon in U-Haft verbracht hatte, waren abzuziehen. Gleichzeitig entschieden wir, dass Philipp, sobald nur noch zwei Jahre von der Strafe übrig waren, wieder eine Drogenentwöhnungstherapie für die Dauer von mindestens sechs Monaten machen durfte. Er sollte erneut eine Chance erhalten, ein drogenfreies Leben zu führen. Einmal hätte er es ja beinahe schon geschafft gehabt.

Die Tat

Im Betäubungsmittelgesetz gibt es eine Besonderheit. Ein Straftäter kann sich unter Umständen »reinwaschen«, wenn er zur Klärung des gesamten Falles beitragen kann. Also etwa seine Dealer bei der Polizei verrät und somit einen Drogenring verrät, der daraufhin gesprengt wird. Das nennt sich Strafmilderung oder Absehen von Strafe (§ 31 BtMG). Dieser Paragraf ist ausschließlich auf Drogendelikte anzuwenden. Dennoch hat er seinen Weg in die einschlägige Szene gefunden. Man spricht mittlerweile gern von »Einunddreißigern«, wenn man umgangssprachlich Leute meint, die jemanden bei der Polizei angeschwärzt haben.

KAPITEL 10

Wie man sich bettet, so liegt man

Straftatbestände:
Gewerbsmäßiger Diebstahl, gewerbsmäßiger Betrug
(§§ 242 Absatz 1, 243 Absatz 1 und 2 Nr. 3., 263 Absatz 1,
Absatz 3 Satz 1 und 2 Nr. 1. Alternative 1 StGB)

Die Geschichte

Frau Murr schaut sich um. So wie sie das immer tut. Routiniert und unauffällig. Sie streift durch die große Verkaufshalle und zählt zwei Angestellte. Die sind für alles zuständig. Die Bedienung der Kunden. Das Kassieren. Die Entgegennahme der Waren. Die Aushändigung der Waren aus dem Lager.
Frau Murr zieht weiter. Im großen Möbelgeschäft sind nur wenige Kunden. Ideale Voraussetzungen. Frau Murr hat mit der Zeit schließlich so einiges an Erfahrung gesammelt. Sie streift durch den Laden wie eine Katze, die ihr Revier durchstreift. Immer in Alarmbereitschaft. Immer auf der Jagd.

Die passende Gelegenheit wird kommen. Sie muss abwarten. Es ist alles eine Frage des Timings. Sie stellt sich vor ein Regal und schaut sich die Ware an. Matratzen. Sie setzt sich auf die Matratze. Befühlt sie. Tut so, als würde sie Interesse haben. Und dann ist sie da. Die Gelegenheit, auf die Frau Murr gewartet hat. Eine der beiden Angestellten verschwindet im Lager. Die andere Frau begibt sich zur Kasse, um eine Kundin abzukassieren.

Beate Murr schaltet sofort um. Geht eilig zu dem gewohnten Regal, nimmt die beiden Sets, bestehend jeweils aus einer Daunendecke und einem Daunenkissen im Wert von je 299 Euro. Sie bemerkt nicht ganz ohne innere Freude, dass die Ware sich im Sonderangebot befindet. Ja, das ist wirklich ein Sonderangebot, denkt sie. Dann geht sie in normalem Schritttempo in Richtung Kasse und mogelt sich an der gerade zahlenden Kundin vorbei. »Entschuldigung, darf ich mal? Super, vielen Dank.«

Sie nickt der Verkäuferin an der Kasse freundlich zu. »Leider nichts gefunden«, sagt sie noch. Die Kassiererin nickt zurück. Frau Murr hat ein Erfolgsgeheimnis. Sie nennt es: auffällige Unauffälligkeit. Sie muss so auffällig normal sein, dass niemand Verdacht schöpft. Nicht auf den Boden schauen. Nicht rumdrucksen. Selbstbewusstsein beim Diebstahl ist alles.

Als sie den Laden verlassen hat, spürt sie ein Glücksgefühl. Das hat sie jedes Mal, wenn sie einen Diebstahl erfolgreich absolviert hat. So nennt sie das. Einen Diebstahl erfolgreich absolvieren. Sie schlendert zum Auto, legt die Tragetaschen mit den Decken und Kissen in den Kofferraum, schließt es wieder ab, geht zu dem gegenüberliegenden Einkaufsmarkt. Wenn sie schon mal hier ist, im Gewerbegebiet. Frau Murr will noch Essen für die Familie einkaufen.

Beate Murr ist verheiratet und hat zwei Kinder. Zwei Mädchen. 12 und 14 Jahre alt. Gut gelaunt erledigt sie ihren Einkauf, packt alles in zwei große Plastebeutel und schlendert zurück zum Parkplatz,

wo ihr Wagen steht. Als sie an dem großen Möbelhaus vorbei-
kommt, kriegt sie einen kurzen Schreck. Sie sieht ein Polizeifahr-
zeug, dass da vorhin noch nicht stand. Zwei Beamte unterhalten
sich mit einer der beiden Angestellten. Sie wirkt aufgelöst und ges-
tikuliert wild. Keine Panik, sagt sich Frau Murr, und geht weiter
auf ihren Kleinwagen zu. Einfach ruhig bleiben. Sich nichts anmerken lassen.

Aber sie ärgert sich schon. Warum habe ich denn bloß so nahe bei
dem Geschäft geparkt, in dem ich klauen war. Das war dumm. Sie
ist unvorsichtig gewesen. Und statt nach Hause zu fahren, ist sie
sogar noch einkaufen gegangen. Nein, nein, sagt sie sich selbst, das
werde ich nicht noch einmal so machen. Zu viel Selbstsicherheit ist
immer der Anfang vom Ende.

Noch während sie diesen Gedanken denkt und gerade ihr Auto
aufschließt, spürt sie plötzlich eine Hand auf ihrer Schulter. Sie
erschreckt.

»Guten Tag, Polizeimeister Konrad«, spricht sie ein groß gewachse-
ner Polizist an. »Würden Sie mir bitte einmal folgen?«

»Was, ich?«, fragt Frau Murr ungläubig.

Sie schaut zu dem Möbellager. Sieht, wie dort ein anderer Polizist
mit der Angestellten redet und diese Angestellte mit dem Finger auf
Frau Murr zeigt. Sie kann nicht hören, was genau sie sagt. Aber sie
kann es sich denken.

Beate Murr hofft noch. Die können mich nicht gesehen haben.
Völlig unmöglich. Sie versucht die Situation einfach zu ignorieren,
wendet sich wieder dem Auto zu und greift an die Tür, um einzu-
steigen.

»Haben Sie mich nicht verstanden?«, fragt der Beamte gereizt. Er
versperrt ihr mit seinem Arm den Weg ins Auto. »Ich muss sie noch-
mals bitten, mir zu folgen. Sie werden beschuldigt, in dem Geschäft
hier vorn einen Diebstahl begangen zu haben. Sie müssen zu diesem

Vorwurf nichts sagen. Aber bitte kommen Sie jetzt mit, oder ich drohe Ihnen Zwang an!«

Beate Murr erwacht aus ihrer Schockstarre. Beginn jetzt zu protestieren. »Geklaut? Ich? Entschuldigen Sie mal ... ich bin Hausfrau und Mutter. Ich bin 43, was soll ich denn klauen. Das muss eine Verwechslung sein.«

»Das werden wir jetzt feststellen«, sagt der Polizist noch immer geduldig.

»Hören Sie, ich habe wirklich keine Zeit. Ich muss nach Hause. Meine Tochter ist krank. Die wartet auf mich.«

Doch es hat keinen Sinn. Sie muss den Polizisten begleiten. Sie gehen vor die Eingangstür des Möbellagers, wo die beiden angestellten Frauen aus dem Laden sie schon mit finsterem Blick mustern.

»Das ist sie mit absoluter Sicherheit«, sagt eine sofort. »Ich erkenne sie eindeutig wieder. Diese Frau war bei uns im Laden. Hinten bei den Wäschesets, da habe ich sie zuletzt gesehen. Dann musste ich ins Lager. Als ich wiederkam, sah ich sie mit zwei Deckensets im Wert von 600 Euro aus dem Laden gehen.«

»Und die hat sie bei mir nicht bezahlt«, fällt ihr die Kollegin ins Wort.

Die Polizeibeamten schauen Beate Murr an.

»Sie verwechseln mich«, sagt sie nur.

Ihre Antwort klingt kläglich. Aber was soll sie auch sagen? Sie wurde gesehen. Auf frischer Tat ertappt. Weit über hundert Mal hat sie bereits gestohlen. Ihre Masche hatte sie perfektioniert. Nie zuvor wurde sie gesehen. Nie wurde sie erwischt. Immer ist es gut gegangen. Warum nur heute nicht?

»Zeigen Sie uns doch einmal Ihren Wagen«, fordern die Polizisten Frau Murr auf.

Sie weiß, dass sie keine Chance hat. Sie gehen zu dem Auto, Frau Murr öffnet mit zitternden Händen den Kofferraum – und da liegen sie. Die beiden Deckensets. Sie liegen da, wie eine offene Anklage.

»Die habe ich heute Morgen in einer anderen Filiale gekauft! Die gehören mir, ich habe die bezahlt. Ich habe hier nicht gestohlen!«, versucht Frau Murr es weiter. Dann öffnen die Polizisten die hintere Autotür. Sie staunen nicht schlecht. Offenbar waren die beiden Deckensets bloß die Spitze eines Eisbergs. Eines ziemlich großen Eisbergs.

*

In ihrem Auto finden sich zwei weitere Deckensets. Es sind die gleichen. Eine Quittung hat Frau Murr nicht. Die Ermittlungen laufen nun an. Die Polizisten beantragen eine Hausdurchsuchung bei der Diebin. Und tatsächlich: Die Beamten werden fündig. Denn Frau Murr ist eine ordentliche Frau. In einer Art Haushaltsbuch hat sie fein säuberlich aufgeführt, dass sie seit Anfang November bis Anfang März gut 90 Daunendecken und Daunenkissen über Ebay versteigert hat. Die Liste der Kunden ist genau aufgeführt. Alles ist genauestens notiert. Adressen. Geldeingang. Warenversand. Laut ihren Aufzeichnungen hat Frau Murr Waren im Wert für rund 27.000 Euro verkauft. Waren, die ihr nicht gehört haben. Eingenommen hat sie nach ihren Aufzeichnungen dagegen nur einen Bruchteil. Rund 12.300 Euro. Steuerfrei. Es waren immer die exakt selben Bettwäschesets.

Von November bis Februar hat sie damit ein monatliches Nettoeinkommen von etwas über 3000 Euro erzielt. Bei einer so langen Zeit und solch erheblichen Summen spricht der Jurist von gewerbsmäßigem Diebstahl oder gewerbsmäßigem Betrug. Die Anzahl der Taten sowie deren Umfang in finanzieller Sicht lassen nur den Schluss zu, dass Beate Murr mit diesem Einkommen ihren Lebensunterhalt und

den ihrer Kinder finanzieren wollte. Die Ermittlungen laufen weiter.
Die Frage ist: Wo hat Frau Murr all die Daunendecken her?
Die Polizei spricht mit der Regionalleitung der großen Möbelhausfi-
lialkette. Und tatsächlich: Sie bekräftigen, dass seit einigen Monaten
in vielen Märkten in verschiedenen Bundesländern ein erheblicher
Schwund an hochwertigen Daunendecken, immer als Set mit Kissen,
festzustellen war.

Während der Hausdurchsuchung sitzt Frau Murr weinend auf der
Couch. Ihr ist das alles wahnsinnig unangenehm. Und dass ausgerechnet ihre beiden Töchter das auch noch mitbekommen müssen.
Was für eine Pein.
»Wissen Sie«, sagt Frau Murr zu dem Polizisten, der das Haushaltsbuch gefunden hat. »Ich werde das nie wieder tun. Das können Sie
mir glauben. Diese scheiß Deckensets. Das war der größte Fehler
meines Lebens.«
Sie vergräbt das Gesicht in ihren Händen.
Frau Murr soll recht behalten. Sie wird wohl nie wieder eine Decke
stehlen.

*

Das Jahr vergeht. Die Staatsanwaltschaft hat viel zu tun. Die Justiz
ist überlastet. Dicke Akten bleiben liegen. Länger, als sie sollten.
Die Bearbeitung zieht sich. Kleine Fälle werden schneller abgehan-
delt. Das kostet weniger Aufwand. Der Fall Beate Murr ist nach den
Ermittlungen der Polizei im Spätsommer abgeschlossen, die beiden
Ringbuchordner sind an die Staatsanwaltschaft zur Erhebung der
Anklage abgegeben worden. Aber noch immer gibt es keine An-
klage.

*

Mitte Mai. Ein großer, unauffälliger Mann durchschreitet das große Kaufhaus in der Innenstadt. Das Wetter ist gut. Die Leute tragen sommerliche Kleidung. Manfred Eitel hat alles im Blick. Er stellt sich an ein Regal und räumt zwei verrutschte Waren wieder ein. Manfred Eitel ist der Kaufhausdetektiv. Sein Job ist es, nicht aufzufallen. Ein stiller Beobachter zu sein. Und ihm fällt an diesem Tag eine Frau auf, die vielleicht Anfang, Mitte vierzig ist. Nicht besonders groß. Sie trägt lange, blonde Haare, eine Brille – und einen dicken Pullover. Und das bei diesem frühlingshaften Wetter. Eitel hat einen Blick für solche Details. Denn es sind Details, die Ladendiebe überführen.

Seit das Kaufhaus um 9.30 Uhr aufgeschlossen wurde, hat er bereits drei von ihnen überführt. Wie so oft waren es Jugendliche. Er folgt der auffälligen Frau. Sieht, wie sie durch den Laden streift. Wie eine Katze in ihrem Revier. Immer in Alarmbereitschaft. Immer auf der Jagd. Sie geht jetzt zu den Elektroartikeln. In der Hand hält sie einen Einkaufskarton. Vor dem Regal mit den Druckerpatronen bleibt sie stehen. Manfred Eitel ist aufmerksam. Er verfolgt jede Bewegung. Jeden Schritt. Die Frau greift planlos zu. Sie greift sich eine Vielzahl von verschiedensten Druckerpatronen und legt sie in den Karton hinein. Als sie fertig ist, schaut sie sich noch einmal um und geht dann zielstrebig in die Lebensmittelabteilung. Direkt zu den Gefriertruhen.

Eitel weiß, dass in diesem Bereich keine Videoüberwachung existiert. Ob das die Frau auch weiß? Natürlich tut sie das. Sie lehnt sich an eine Tiefkühltruhe und lässt eine Druckerpatrone nach der nächsten unter ihrem Pullover verschwinden. Bis der Karton leer ist. »Habe ich dich«, denkt sich Eitel.

Die Frau passiert mit ihrem gefüllten Pullover die Kassen, bezahlt nichts. Eitel folgt ihr weiterhin unauffällig. Niemand schöpft Verdacht. Niemand sagt etwas. Sie geht in Richtung der Tiefgaragen.

Eitel überlegt, ob er bereits jetzt die Polizei rufen soll. Nein, er will sich auf die Diebin konzentrieren. Es ist ein Einkaufstag mit vielen Kunden. Er könnte die Frau im Gewimmel der vielen Menschen verlieren, wenn er nur einen Augenblick lang unaufmerksam ist.

Er verfolgt die Frau bis in die Tiefgarage. Verfolgt sie bis zu ihrem Auto. Die Diebin fühlt sich unbeobachtet. Denkt, sie hätte den Coup gut durchgestanden. Sie schließt ihr Fahrzeug auf und setzt sich in den Kleinwagen. Dann kramt sie die Druckerpatronen aus ihrem Pullover und legt sie säuberlich in eine größere Kiste, die auf dem Beifahrersitz steht. In der Kiste befinden sich weitere Druckerpatronen. Gut hundert Stück. Die Ware dürfte einen Gesamtwert von 2500 Euro haben.

Eitel klopft an die Fensterscheibe. Mit seinem Handy am Ohr. Er hat die Polizei am Apparat. Als die Frau ihn sieht, bekommt sie einen kurzen Schock.

Die Frau ist Beate Murr.

Als die Polizei ein paar Minuten später eintrifft, ist Frau Murr bereits tief in ihren Autositz eingesunken. Am liebsten würde sie sich in Luft auflösen. Einfach verschwinden. Die Polizisten durchsuchen den Wagen. Sie finden eine Liste von Elektronikmärkten in dieser und den angrenzenden Städten. Irgendeine Quittung, irgendeinen Nachweis, dass Frau Murr die 105 Druckerpatronen, die sich in ihrer Kiste befinden, woanders gekauft haben könnte, finden sie nicht.

Kaufhausdetektiv Eitel berichtet den Beamten, wie er Frau Murr beobachtet hat. Wie sie die Waren in ihrem Pullover versteckte. Im toten Winkel der Überwachungskameras. Beate Murr schweigt und sinkt bei jedem Wort noch tiefer in den Sitz ihres Wagens.

Die Polizisten haben keine Wahl. Sie beantragen erneut eine Hausdurchsuchung. Und wieder finden sie bei Frau Murr ein kleines Haushaltsbuch. Fein säuberlich dokumentierte Daten von 110 Verkäufen verschiedenster Druckerpatronen an Käufer im gesamten Bundesgebiet. Frau Murr ist noch immer sehr gewissenhaft bei der Dokumentation ihrer Einnahmen. Laut ihren Unterlagen hat sie beim Verkauf der Patronen über das Internet rund 5500 Euro eingenommen.

Der Prozess

Es dauerte ein weiteres Jahr, bis die Verhandlung vor dem Schöffengericht stattfinden konnte. Weil Frau Murr auf Briefe nicht reagierte, bekam sie eine Strafverteidigerin vom Gericht beigeordnet. Frau Rechtsanwältin Silbermann. Die Verhandlung beanspruchte einen ganzen Tag. Frau Murr erzählte uns ihre Version der Geschichte. Sie erzählte, dass sie seit zwei Jahren arbeitslos sei. Dass sie mit dem Vater ihres zweiten Kindes zusammenlebe. Einem einfachen, unterqualifizierten Mann, der nur Hilfsarbeiterjobs bekomme. Das Geld reiche vorn und hinten nicht. Aber staatliche Leistungen stünden der Familie nicht zu. Sie habe zu wenig zum Leben, aber zu viel zum Sterben, sagte Frau Murr vor Gericht.
Sie war verzweifelt. Und sie erklärte, allein aus dieser Verzweiflung heraus die Diebstähle begangen zu haben. Allerdings, darauf bestand sie, nur die Diebstähle von den Decken, bei denen sie erwischt worden war. Und den Diebstahl von den Druckerpatronen, den Herr Eitel entdeckt hatte. Andere Diebstähle habe sie nicht begangen. Sie habe auch niemanden betrogen. Die anderen Bettdecken und Druckerpatronen, die sie auf Ebay verkauft hatte, die habe sie alle ordnungsgemäß von ihrem Geld gekauft und nicht gestohlen.

Frau Murr war nicht ganz unbescholten. Sie hatte bereits drei Einträge im Bundeszentralregister. Alle wegen Diebstahls. Die Einträge waren schon einige Jahre alt, sie war damals zu kleinen Geldstrafen verurteilt worden.

»Ach, das«, sagte Frau Murr auf die Vorstrafen angesprochen. »Das sind andere Geschichten.«

Auch wenn Frau Murr ihre Straftaten in Bezug auf die verkaufte Ware bestritt, das Gericht war sich ganz sicher. Die Schuld von Frau Murr war deutlich. In ihrer Wohnung fand die Polizei Adressaufkleber. Frau Murr hatte sie mit den Namen der Käufer ihrer Waren beschriftet. Es gab Kartons zum Versand dieser Waren. Und wie hätte sie die Bettwäschesets oder Druckerpatronen kaufen sollen, wenn sie doch gar kein Geld hatte. Und warum hatte sie die Ware dann für einen geringeren Wert weiterverkauft? Nein, eine arbeitslose Frau ohne Einkommen kann keine Waren im Verkaufswert von 27.000 Euro erwerben, um diese dann für nur 12.300 Euro weiterzuverkaufen. Es machte einfach keinen Sinn.

Und dann war da noch eine andere Sache. Beate Murr hatte die Käufer der Ware betrogen. Die Menschen, die die Druckerpatronen oder die Bettwäschesets auf Ebay gekauft hatten. Denn die Ware konnte zurückgefordert werden, da es sich um Diebesgut handelte. An gestohlenen Dingen kann kein Käufer Eigentum erwerben. Ein Recht, die bezahlten Decken, Kissen und Druckerpatronen zu behalten, gibt es nicht. Theoretisch hätten sich die Käufer ihr Geld von Beate Murr zurückholen müssen. Praktisch bestand dafür kaum Aussicht auf Erfolg. Wer Diebesgut kauft, hat oftmals doppelt Pech. Er verliert Geld und Ware.

Diebstahl wird mit einer Freiheitsstrafe von bis zu fünf Jahren oder mit einer Geldbuße bestraft. Der gewerbsmäßige Betrug allerdings ist in der Regel mit Freiheitsstrafe von sechs Monaten bis hin zu zehn Jahren zu bestrafen. Und zwar für jede einzelne Tat. Dass Frau Murr keine Gelegenheitsdiebin war, sondern sie gewerbsmäßig Waren entwendete, um sie gewerbsmäßig wieder zu verkaufen, war für sie nicht von Vorteil. Allerdings berücksichtigt das Gericht auch bei einem gewerbsmäßigen Betrug den Wert der gestohlenen Sachen. Wenn nur ein geringer Schaden entstanden ist, wäre es unverhältnismäßig, mit einer Freiheitsstrafe von mindestens sechs Monaten zu reagieren. Dann kann das Gericht eine geringere Strafe verhängen. Bei Frau Murr waren die gestohlenen Waren jedoch in der Regel sehr teuer, die Schadenssummen immens.

Wir verurteilten sie daher wegen gewerbsmäßigen Betrugs sowie wegen gewerbsmäßigen Diebstahls. Vier Diebstähle waren ihr nachzuweisen, auch wenn sie sehr viel mehr Diebstähle begangen haben musste. Dies betraf zum einen die zwei Sets mit Decken und Kissen sowie den Fall in Dresden. Dort war sie auf frischer Tat gestellt worden und hatte noch den Karton mit bereits zuvor entwendeten Druckerpatronen bei sich. Sie erhielt hierfür jeweils Strafen von sechs Monaten Freiheitsstrafe. Bei den gewerbsmäßigen Verkäufen der gestohlenen Decken und Kissen war jeweils eine Freiheitsstrafe von sechs Monaten tat- und schuldangemessen. Bei den verkauften Druckerpatronen verhängten wir Freiheitsstrafen von drei bis sechs Monaten oder auch nur Geldstrafen. Unser Gesamturteil lautete also: zwei Jahre und neun Monate Gesamtfreiheitsstrafe. Da die Strafe über zwei Jahren lag, konnte die Vollstreckung der Strafe nicht zur Bewährung ausgesetzt werden. Frau Murr musste ins Gefängnis. Theoretisch.

Aber wie es so häufig geschah, gelangte das Verfahren in die nächste Instanz. Frau Murr hatte Berufung eingelegt. Wie so häufig wurde dort milder entschieden. Die Angeklagte wurde im Ergebnis zu einer Gesamtfreiheitsstrafe von zwei Jahren verurteilt. Mit Strafaussetzung zur Bewährung.
Allerdings soll die Angeklagte inzwischen neue Diebstähle began-

gen haben. Es sollen wieder Druckerpatronen gewesen sein. Falls sich das bestätigt, müsste die Bewährung widerrufen werden und sie käme ins Gefängnis. Eine Katze, die das Mausen nicht lassen kann.

Die Tat

Neben dem einfachen Diebstahl (§ 242 StGB) gibt es auch den besonders schweren Fall des Diebstahls (§ 243). Darunter versteht der Gesetzgeber nicht bloß den gewerbsmäßigen Diebstahl, wie Frau Murr ihn begangen hat. Bei gewerbsmäßigen Taten will der Dieb oder Betrüger ja von den Einnahmen seiner Straftaten leben, sich finanzieren. Auch wenn man mit Gewalt in einen verschlossenen Raum einbricht oder Gegenstände entwendet, die besonders gesichert sind, etwa durch einen Safe, begeht man einen besonders schweren Diebstahl. Das gilt ebenfalls, wenn man eine Waffe in der Hosentasche bei sich trägt oder Gegenstände entwendet, die von einem besonderen kulturellen Wert sind, wie Kunstwerke oder Werke aus einer Kirche. Das Strafmaß beträgt dann drei Monate bis zu zehn Jahren Haft. Noch härter wird aber der gewerbsmäßige Betrug bestraft, mit einer Freiheitsstrafe von mindestens sechs Monaten bis zu zehn Jahren.

NACHWORT

Quo Vadis, Justitia?

Keine Abrechnung

Die Wahrheit finden und die Gerechtigkeit wiederherstellen. Das ist der Sinn und Zweck eines Strafprozesses. So hatte sich das zumindest der Gesetzgeber gedacht, als er im Jahre 1877 die deutsche Strafprozessordnung definierte. Die Wahrheit zu finden ist eine Mammutaufgabe angesichts der unzähligen Lügen, unter denen sie tagtäglich begraben wird. Aber die Gerechtigkeit wiederherzustellen, das ist noch sehr viel schwieriger. Denn oftmals wird unser Rechtssystem missbraucht und steht somit der Gerechtigkeit im Weg – anstatt sie zu fördern.

Ein Beispiel: Der »Mammutprozess« beim Landgericht in Koblenz. 26 Personen waren angeklagt. Der Vorwurf: Bildung einer rechtsradikalen kriminellen Vereinigung. Vielleicht hatten sie sogar Anschläge geplant. Stramme Neonazis.
Am 20. August 2012 begann der Prozess vor der Staatsschutzkammer. Er sollte fünf Jahre dauern und 337 Verhandlungstage kosten –

und das, obwohl vier von den Angeklagten geständig waren. Sie gaben ganz offen zu: Ja, wir waren Mitglieder dieser Vereinigung. Ja, wir hatten Böses im Sinn.

Bei fünf von den Mitgliedern war die Beteiligung wohl nicht so bedeutend, gegen sie wurde das Verfahren schließlich eingestellt. Bleiben noch 17 Angeklagte übrig. Und wissen Sie, wie das Verfahren ausging? Es wurde am 29. Mai 2017 eingestellt. Niemand von den 17 wurde verurteilt. Kein einziger Angeklagter.

Der Grund? Der Vorsitzende Richter, der die Verhandlung leitete, scheidet demnächst aus. Er geht in Pension. Das Verfahren hat einfach zu lange gedauert. Wie kann das sein? Vielleicht lag es an den 17 Strafverteidigern. Sie hatten insgesamt mehr als 240 Beweisanträge gestellt, mehr als 500 Befangenheitsanträge, mehr als 400 Anträge zum Verfahrensablauf, mehr als 50 sogenannte Gegenvorstellungen. Das sind seitenlange Ausführungen, in denen erklärt wird, warum man eine andere Meinung zu etwas hat als das Gericht.

Könnten die Verteidiger eventuell absichtlich versucht haben, das Verfahren in die Länge zu ziehen und es somit zu sabotieren?

Gerichte stehen dem Missbrauch von Rechten durch Rechtsanwälte zunehmend machtlos gegenüber. Durch Rechtsanwälte, die mit aller Macht ein ungünstiges Urteil gegen ihren Mandanten verhindern wollen. Die sogenannten Konfliktverteidiger, die kein Interesse daran haben, ein faires Urteil zu bekommen. Vielmehr suchen sie Streit, stellen einen Befangenheitsantrag nach dem anderen sowie offensichtlich unsinnige Beweisanträge, kommen absichtlich zu spät und benehmen sich beleidigend. Ihr Ziel ist es, das Verfahren so lange wie möglich zu sabotieren. Und das Gericht hat keine Möglichkeit, dagegen etwas zu unternehmen.

Selbstverständlich gilt das nicht für alle Rechtsanwälte, sondern nur für sehr wenige. Ich habe tagtäglich mit absolut integren Strafverteidigern zu tun, mit Männer und Frauen, die den Strafprozess so verstehen, wie er ursprünglich gedacht war: als ein Verfahren mit Regeln, über das die Wahrheit gefunden und die Gerechtigkeit wiederhergestellt werden soll. Die Einhaltung dieser Regeln gehört bei den allermeisten Strafverteidigern, die ich kenne, zum Berufsethos. Die anderen Anwälte können einem jedoch nicht bloß den Tag verderben oder die ganze Woche. Sie können einen Richter krank machen.

Ein Richter aus meinem Bekanntenkreis hatte es einmal mit einem ganz üblen Konfliktverteidiger zu tun. Die Verhandlung erstreckte sich über mehrere Tage und Wochen. Eigentlich ging es um gar keine schwierige Sache. Am Ende war der Kollege krank. Er litt an Burn-out, musste Beruhigungsmittel nehmen, konnte seine Arbeit nur noch eingeschränkt ausüben. Dank der intensiven Verteidigerarbeit.

Gerichtsverfahren sind für die Öffentlichkeit zugänglich. Man kann vorbeikommen, im Zuschauerraum Platz nehmen und das Verfahren verfolgen. Ganz gleich, ob man etwas mit dem Fall zu tun hat oder nicht. Wenn sich ein Zuschauer oder ein Zeuge im Sitzungssaal danebenbenimmt, wird er oder sie ermahnt. Schlimmstenfalls werden die Besucher in Ordnungshaft genommen. Der Angeklagte kann bei ungebührlichen Verhalten ebenfalls aus dem Sitzungssaal entfernt werden. Und ein Strafverteidiger, ein Rechtsanwalt, der sich danebenbenimmt? Der beleidigt, pöbelt, herumschreit und alle anderen Beteiligten ständig unterbricht? Ja, was kann denn das Gericht gegen einen solchen Rechtsanwalt unternehmen? Nichts.

Auch ich bin schon einmal von einem Rechtsanwalt beschimpft worden, als dieser beim Verlassen des Gerichtssaals laut sagte: »Na, da wurde heute wieder mal vom Gericht das Recht gebeugt!«

Nur weil ich eine andere Auffassung vertreten hatte und seinen Mandanten für schuldig erachtete! Die Rechtsbeugung ist übrigens die schwerste Straftat, welche man als Richter in seinem Beruf begehen kann. Ein Verbrechen, das mit einer Freiheitsstrafe von mindestens einem Jahr bestraft wird.

*

Und es gibt ein noch viel größeres Problem. Das Problem der in meinen Augen immer stärker werdenden Inkonsequenz im Strafrecht. Ein Beispiel: Stellen Sie sich vor, Sie stehlen ein Smartphone im Wert von 900 Euro. Auf Diebstahl steht eine Freiheitsstrafe von bis zu fünf Jahren Haft oder eine Geldstrafe. Dieses Strafmaß wird in einem solchen Fall natürlich nicht ausgereizt. Sie erhalten höchstwahrscheinlich eine Geldstrafe, welche sich ungefähr in Höhe der 900 Euro bewegen wird, die das Diebesgut wert war.
Jetzt stehlen Sie drei Monate nach der Strafe erneut. Wieder ein Handy. Wieder ist das Gerät 900 Euro wert. Jetzt wird es schon teurer – Sie müssen mit mindestens der doppelten Strafe rechnen.
Was aber, wenn Sie dann wieder stehlen? Wenn Sie nicht aufhören? Spätestens jetzt würde ich als Richter sagen: Geldstrafen reichen bei Ihnen nicht aus. Sie lernen ja nicht. Jetzt gibt es eine kleine Freiheitsstrafe. Vielleicht in Höhe von drei Monaten. Aber selbstverständlich mit Strafaussetzung zur Bewährung. In der sogenannten Bewährungszeit dürfen Sie allerdings keine neuen Straftaten begehen. Das ist die Bedingung. Sonst müssen Sie ins Gefängnis. Eigentlich ganz einfach, oder?

Doch die Realität sieht anders aus. Vor einiger Zeit, saß ein älterer Herr vor mir. Gut angezogen. Feines Sakko. Gepflegt. Ein echter Gentleman. Aber ein Gentleman mit einem Doppelleben. Als Drogenkurier hatte er sechs Kilogramm Marihuana nach Zwickau gebracht. Dafür bekam er einen kleineren Kurierlohn. Das machte er zweimal. Zum Zeitpunkt der Tatbegehung und zum Zeitpunkt unserer Hauptverhandlung stand der Mann unter dreifacher Bewährung. Drei Gerichte hatten nacheinander gesagt: Du bekommst noch eine Chance. Spätestens das zweite Gericht, allerspätestens das dritte Gericht hätte keine nochmalige Chance einräumen dürfen.

Der Verteidiger des Gentlemans fragte mich im Prozess dann ziemlich bald, ob man nicht über eine Bewährungsstrafe reden könnte. Das wäre dann die vierte Chance gewesen. Nein! Sprechen konnte er zwar mit meinem Gericht über die Bewährungsstrafe. Aber es gab keine mehr. Es gab stattdessen eine Freiheitsstrafe. Und die musste vollzogen werden.

Die Inkonsequenz vieler Gerichte ist meines Erachtens falsch. Sie verhindert Gerechtigkeit. Was ist eine Strafe denn wert, wenn sie nicht zur Anwendung kommt, sondern immer nur angedroht wird?

Ein Urteil, das am Amtsgericht gefällt wird, kann jederzeit von der nächsthöheren Instanz, dem Landgericht, abgemildert werden. Und das passiert nicht bloß gelegentlich. Das passiert täglich. Und es passiert nicht nur in Sachsen, sondern bundesweit. Die Landgerichte lassen eine teilweise nicht nachvollziehbare Milde walten, die den Glauben an eine gerechte Bestrafung der Täter in der Bevölkerung nachhaltig stören kann.

Noch ein Beispiel: Ich erinnere mich an die Vergewaltigung einer jungen Mutter. Der Täter war polizeibekannt. Er war mit kleineren Delikten auffällig geworden. Die Frau hatte extrem unter der Vergewaltigung gelitten. Ihre Ehe litt, ihre Familie litt, sie hatte gesundheitliche Probleme nach der Tat. Das Schöffengericht war milde und verhängte gegen den geständigen Angeklagten nur eine Freiheitsstrafe von drei Jahren. Die Strafe für schweren sexuellen Missbrauch kann bis zu 15 Jahre umfassen.

Doch die Berufungsinstanz war noch milder. Sie hob das Urteil auf und entschied: Der Angeklagte bekommt zwei Jahre Freiheitsstrafe, deren Vollstreckung zur Bewährung ausgesetzt wird.

Wenn so etwas hin und wieder geschieht, kann man damit leben. Ein anderer Richter beurteilt einen Fall eben anders. Aber wenn die Milde in den oberen Instanzen Methode hat und an vielen Gerichten bundesweit gehandhabt wird, dann kann man den Glauben an die Gerechtigkeit verlieren.

In den Zeitungen wird die nicht nachvollziehbare Milde dann folgendermaßen beschrieben: »Bewährungsbrecher muss nicht in Haft – Ein Dutzend Vorstrafen, unter zweifacher Bewährung stehend, erhält der Straftäter wegen zweier Körperverletzungen, einer Bombendrohung und wegen Sachbeschädigung seine dritte Bewährung.« Und dann sagt der Vorsitzende Richter der Berufungskammer auch noch: »Das nächste Mal gibt es aber keine Bewährung mehr!« Wer soll das eigentlich glauben? Der Straftäter? Der Verteidiger? Der Staatsanwalt, der eine zu vollziehende Freiheitsstrafe gefordert hatte? Oder gar die Opfer, die demselben Täter wieder auf der Straße begegnen werden?
Oder diese Meldung: »Einschlägig vorbestrafter, unter zweifacher Bewährung stehender Betrüger erhält seine dritte Bewährungschance.«
Alles Meldungen aus renommierten Tageszeitungen. Alles Meldungen der letzten Zeit.

Ich habe kein Verständnis für einen Bürger, der unter erheblichem Alkoholfluss einen Unfall verursacht und jemanden dabei tötet. Ich habe keinerlei Verständnis für Täter, die bei illegalen Autorennen Unbeteiligte tödlich verletzen. Beide Verhaltensweisen sind höchst gefährlich und mit dem Risiko eines tödlichen Ausgangs behaftet. Das weiß jeder. Und deshalb sollte ein solcher Täter auch die Konsequenzen für sein gefährliches Verhalten tragen müssen. Zumindest für eine gewisse Zeit. Schließlich haben die Hinterbliebenen für den Rest ihres Lebens den Schmerz über den Verlust eines geliebten Menschen zu tragen.

Ich bin nach Möglichkeit konsequent, verbiege mich nicht, versuche faule Kompromisse zu vermeiden. Ich sehe in jedem Straftäter einen Menschen, der einen Fehler gemacht hat. Ich sehe aber auch die Opfer. Die Menschen, die unter einer Straftat leiden müssen. Manchmal ein Leben lang. Eine gerechte Entscheidung für beide Seiten zu finden ist und bleibt unmöglich. Ich versuche es jeden Tag.

Danksagung

Ich möchte mich bei
Frau Pascale Breitenstein
vom riva Verlag herzlich
dafür bedanken, dass sie mich eingeladen
und zu diesem Buch überredet hat,
Dennis Sand für seine überragende Kunst,
aus meinen dürren Juristenworten
Geschichten wie Kunstwerke zu schaffen,
Matthias Teiting für seine Redaktion,
meiner geliebten Ehefrau Andrea
für ihr geduldiges Lektorat
und meinen Eltern
für ihre Liebe und meine Erziehung.

256 Seiten
17,99 € (D) | 18,50 € (A)
ISBN 978-3-7423-0335-6

Peter Kirsch

Bis zum Geständnis

Die spektakulärsten Verhöre
von Guantanamo bis
Anders Breivik

Es gibt Wahrheiten, die so ungeheuerlich sind, dass man sie kaum ertragen kann. Und es gibt Menschen, die alles dafür tun, dass diese Wahrheiten nicht ans Licht kommen. Doch Lügen lassen sich durchschauen. Entweder durch gute Ermittlungsarbeit oder durch eine besonders geschickte und ausgeklügelte Verhörtechnik.

Peter Kirsch hat die spannendsten und außergewöhnlichsten Verhöre zusammengetragen, die zeigen, wie Kriminalisten und Profiler vorgehen, wie es ihnen gelingt, Lügen zu entlarven, Täter zu überführen und zu einem Geständnis zu bringen.

riva